Ln 6494
27

I0647057

HISTOIRE

DE MA VIE.

L'auteur et l'éditeur de cet ouvrage se réservent le droit de
le traduire ou de le faire traduire en toutes les langues. Ils pour-
suivront, en vertu des lois, décrets et traités internationaux,
toutes contrefaçons ou toutes traductions faites au mépris de
leurs droits.

PARIS, TYPOGRAPHIE DE HENRI PLON,

RUE GARANCIÈRE, 8.

HISTOIRE
DE MA VIE

PAR

GEORGE SAND.

Charité envers les autres;
Dignité envers soi-même;
Sincérité devant Dieu.

Telle est l'épigraphe du livre que j'entreprends.

15 avril 1847.

GEORGE SAND.

TOME ONZIÈME.

L'auteur et l'éditeur se réservent le droit de traduction en toutes langues.

PARIS
VICTOR LECOU, ÉDITEUR,
RUE DU BOULOI, 10.
1855

TROISIÈME PARTIE.

(SUITE.)

CHAPITRE HUITIÈME.

Enseignement de l'histoire. — Je l'étudie comme un roman. — Je désapprends la musique avec un maître. — Premiers essais littéraires. — L'art et le sentiment. — Ma mère se moque de moi et je renonce aux *lettres*. — Mon *grand roman inédit*. — *Corambé*. Marie et Solange. — *Plaisir* le porcher. — Le fossé couvert. — Démogorgon. — Le temple mystérieux.

XL   1

Je ne peux pas toujours suivre
ma vie comme un récit qui s'en-
chaîne, car il y a beaucoup d'in-
certitudes dans ma mémoire sur
l'ordre des petits événements que
je me retrace. Je sais que j'ai passé
à Nohant avec ma grand'mère,

1.

sans aller à Paris, les années 1814,
15, 16 et 17. Je résumerai donc
en masse mon développement moral pendant ces quatre années.

Les seules études qui me plurent
réellement furent l'histoire, la géo-
graphie, qui n'en est que l'appen-
dice nécessaire, la musique et la
littérature. Je pourrais encore ré-
duire ces aptitudes, en disant que
je n'aimais et n'aimai réellement jamais que la littérature et la musique, car ce qui me passionnait
dans l'histoire, ce n'était pas cette
philosophie que la théorie toute
moderne du progrès nous a enseigné à déduire de l'enchaînement

des faits. On n'avait point alors
popularisé cette notion claire et pré-
cise qui est véritablement, sinon la
grande découverte, du moins la
grande certitude philosophique des
temps nouveaux, et dont Pierre Le-
roux, Jean Reynaud et leur école
de 1830 à 1840 ont posé la meilleure exposition et les meilleures
déductions dans les travaux de l'*En-
cyclopédie nouvelle*.

A l'époque où l'on m'enseigna
l'histoire, on n'avait généralement
aucune idée d'ordre et d'ensemble
dans l'appréciation des faits. Aujour-
d'hui l'étude de l'histoire peut être
la théorie du progrès; elle peut tracer

une ligne grandiose à laquelle viennent se rattacher toutes les lignes
jusqu'alors éparses et brisées. Elle
nous fait assister à l'enfance de l'humanité, à son développement, à ses
essais, à ses efforts, à ses conquêtes
successives, et ses déviations mêmes
aboutissant fatalement à un retour
qui la replace sur la route de l'avenir, ne font que confirmer la loi
qui la pousse et l'entraîne.

Dans la théorie du progrès, Dieu
est un, comme l'humanité est une.
Il n'y a qu'une religion, qu'une vérité antérieure à l'homme, coéter-
nelle à Dieu, et dont les différentes
manifestations dans l'homme et par

l'homme sont la vérité relative et progressive des diverses phases de l'histoire. Rien de plus simple, rien de plus grand, rien de plus logique. Avec cette notion, avec ce fil conducteur dans une main : *L'humanité éternellement progressive*; avec ce flambeau dans l'autre main : *Dieu éternellement révélateur et révélable*, il n'est plus possible de flotter et de s'égarer dans l'étude de l'histoire des hommes, puisque c'est l'histoire de Dieu même dans ses rapports avec nous.

De mon temps on procédait simultanément par plusieurs histoires séparées, qui n'avaient aucun rapport entre

elles. Par exemple, l'histoire sacrée
et l'histoire profane étant contempo-
raines l'une de l'autre, il fallait les
étudier en regard l'une de l'autre,
sans admettre qu'elles eussent aucun
lien. Quelle était la vraie, quelle
était la fabuleuse? Toutes deux
étaient chargées de miracles et de
fables également inadmissibles pour
la raison; mais pourquoi le Dieu
des Juifs était-il le seul vrai Dieu?
On ne vous le disait point, et, pour
moi particulièrement, j'étais libre de
rejeter le Dieu de Moïse et de Jésus, tout aussi bien que ceux d'Homère et de Virgile. « Lisez, me di-
sait-on, prenez des notes, faites des
extraits, retenez bien tout cela. Ce
sont des choses qu'il faut savoir et

qu'il n'est pas permis d'ignorer [1].

Savoir pour savoir, voilà véritablement toute la moralité de l'édu-

[1] Je ne doute pas que ma grand'mère ne m'eût
déduit de meilleures raisons si elle eût été encore
dans toute la force de ses facultés morales et in-
tellectuelles. Elle avait certainement dù s'occuper
plus efficacement de former l'âme de mon père.
Mais j'ai beau chercher dans mes souvenirs la
trace d'un enseignement vraiment philosophique
de sa part, je ne la trouve pas. Je crois pouvoir
affirmer que, pendant une phase de sa vie, antérieure à la révolution, elle avait préféré Rousseau
à Voltaire; mais que plus elle a vieilli, plus elle
est devenue voltairienne. L'esprit de bigoterie de
la Restauration dut nécessairement porter cette
réaction à l'extrême dans les cerveaux philosophiques qui dataient du siècle précédent. Or, l'on
sait combien est pauvre de fonds et vide de moralité la philosophie de l'histoire chez Voltaire.

cation qui m'était donnée. Il n'était
pas question de s'instruire pour se
rendre meilleur, plus heureux ou
plus sage. On apprenait pour devenir capable de causer avec les
personnes instruites, pour être à
même de lire les livres qu'on avait
dans son armoire, et de tuer le
temps à la campagne ou ailleurs.
Et comme les caractères de mon
espèce ne comprennent pas beaucoup qu'il soit utile de donner la
réplique aux causeurs instruits, au
lieu de les écouter en silence ou de
ne pas les écouter du tout; comme
en général les enfants ne s'inquiè-
tent pas de l'ennui, puisqu'ils s'amu-
sent volontiers de tout autre chose
que l'étude, il fallait leur donner

un autre motif, un autre stimulant.
On leur parlait alors du plaisir de
satisfaire leurs parents, et on faisait
appel au sentiment de l'obéissance,
à la conscience du devoir. C'était
encore ce qu'il y avait de meilleur
à invoquer, et cela réussissait assez
avec moi, qui étais, par nature, in-
dépendante dans mes idées, soumise
dans les actes extérieurs.

Je n'ai jamais connu la révolte
de fait avec les êtres que j'aimais
et dont j'ai dû accepter la domi-
nation naturelle, car il y en a une,
ne fût-ce que celle de l'âge, sans
compter celle du sang. Je n'ai jamais
compris qu'on ne cédât pas aux personnes avec lesquelles on ne veut ni

ne peut rompre, quand même on
est persuadé qu'elles se trompent,
ni qu'on hésitât entre le sacrifice
de soi-même et leur satisfaction.
Voilà pourquoi ma grand'mère, ma
mère, et les religieuses de mon couvent m'ont toujours trouvée d'une
douceur inexplicable au milieu d'un
insurmontable entêtement. Je me
sers du mot *douceur*, parce que j'ai
été frappée de les voir se rencon-
trer dans cette expression dont elles
se servaient pour peindre mon caractère d'enfant. L'expression n'était
peut-être pas juste. Je n'étais pas
douce, puisque je ne cédais pas in-
térieurement. Mais, pour ne pas
céder en fait, il eût fallu haïr, et,
tout au contraire, j'aimais. Cela

prouve donc uniquement que mon
affection m'était plus précieuse que
mon raisonnement, et que j'obéis-
sais plus volontiers, dans mes actions, à mon cœur qu'à ma tête.

Ce fut donc par pure affection
pour ma grand'mère que j'étudiai
de mon mieux les choses qui m'en-
nuyaient, que j'appris par cœur des
milliers de vers dont je ne comprenais pas les beautés; le latin, qui
me paraissait insipide; la versifica-
tion, qui était comme une camisole
de force imposée à ma poétique
naturelle; l'arithmétique, qui était si
opposée à mon organisation que,
pour faire une addition, j'avais littéralement des vertiges et des défail-

lances. Pour lui faire plaisir aussi,
je m'enfonçai dans l'histoire; mais
là, ma soumission reçut enfin sa
récompense, l'histoire m'amusa pro-
digieusement.

Pourtant, par la raison que j'ai
dite, par l'absence de théorie morale dans cette étude, elle ne satis-
faisait pas l'appétit de logique qui
commençait à s'éveiller en moi; mais
elle prit à mes yeux un attrait dif-
férent : je la goûtai sous son as-
pect purement littéraire et romanesque. Les grands caractères, les
belles actions, les étranges aventures, les détails poétiques, le détail, en un mot, me passionna, et
je trouvai à raconter tout cela, à

y donner une forme dans mes extraits, un plaisir indicible.

Peu à peu je m'aperçus que
j'étais peu surveillée, que ma grand'-
mère trouvant mon extrait bien écrit
pour mon âge, et intéressant, ne
consultait plus le livre pour voir si
ma version était bien fidèle, et cela
me servit plus qu'on ne peut croire.
Je cessai de porter à la leçon les
livres qui avaient servi à mon résumé, et comme on ne me les demanda plus, je me lançai avec plus
de hardiesse dans mes appréciations
personnelles. Je fus plus philosophe
que mes historiens profanes, plus
enthousiaste que mes historiens sa-
crés. Me laissant aller à mon émo-

tion et ne m'inquiétant pas d'être
d'accord avec le jugement de mes
auteurs, je donnai à mes récits la
couleur de ma pensée, et même je
me souviens que je ne me gênais
pas pour orner un peu la séche-
resse de certains fonds. Je n'altérais
point les faits essentiels, mais, quand
un personnage insignifiant ou inex-
pliqué me tombait sous la main,
obéissant à un besoin invincible
d'*art*, je lui donnais un caractère
quelconque que je déduisais assez
logiquement de son rôle ou de la
nature de son action dans le drame
général. Incapable de me soumettre
aveuglément au jugement de l'auteur, si je ne réhabilitais pas toujours ce qu'il condamnait, j'essayais

du moins de l'expliquer et de l'ex-
cuser, et si je le trouvais trop froid
pour les objets de mon enthousiasme, je me livrais à ma propre
flamme, et je la répandais sur mon
cahier dans des termes qui faisaient
rire souvent ma grand'mère par
leur naïveté d'exagération.

Enfin quand je trouvais l'occasion
de fourrer une petite description
au milieu de mon récit, je ne
m'en faisais pas faute. Pour cela
une courte phrase du texte, une
sèche indication me suffisaient. Mon
imagination s'en emparait et bro-
dait là-dessus; je faisais intervenir
le soleil ou l'orage, les fleurs, les
ruines, les monuments, les chœurs,

les sons de la flûte sacrée ou de
la lyre d'Ionie, l'éclat des armes,
le hennissement des coursiers, que
sais-je? J'étais classique en diable,
mais si je n'avais pas l'art de me
trouver une forme nouvelle, j'avais
le plaisir de sentir vivement, et
de voir par les yeux de l'imagination tout ce passé qui se ranimait
devant moi.

Il est vrai aussi que, n'étant pas
tous les jours dans cette disposition
poétique et pouvant impunément
en prendre à mon aise, il m'arriva
parfois de copier presque textuel-
lement les pages du livre dont
j'étais chargée de rendre le sens.
Mais c'étaient mes jours de lan-

gueur et de distraction. Je m'en
dédommageais avec plaisir quand
je sentais la verve se rallumer.

Je faisais un peu de même pour
la musique. J'étudiais pour l'acquit
de ma conscience les sèches études
que je devais jouer à ma grand'—
mère; mais quand j'étais sûre de
m'en tirer passablement, je les ar-
rangeais à ma guise, ajoutant des
phrases, changeant les formes, im-
provisant au hasard, chantant,
jouant et composant musique et
paroles, quand j'étais bien sûre de
ne pas être entendue. Dieu sait à
quelles stupides aberrations musicales je m'abandonnais ainsi! j'y
prenais un plaisir extrême.

2.

La musique qu'on m'enseignait
commençait à m'ennuyer. Ce n'était
plus la direction de ma grand'-
mère. Elle s'était imaginé qu'elle
ne pourrait pas m'enseigner elle-
même la musique, ou bien sa santé
ne lui permettait plus d'en garder
l'initiative; elle ne me démontrait
plus rien, et se bornait à me faire
jouer en mesure la plate musique
que m'apportait mon maître.

Ce maître était l'organiste de la
Châtre. Il savait la musique, certainement, mais il ne la sentait
nullement, et il mettait peu de
conscience à me la montrer. Il s'appelait M. Gayard, et il avait la
figure et la tournure ridicules. Il

portait toujours la queue ficelée, les
ailes de pigeon et les grands habits
carrés de l'ancien régime, quoiqu'il
n'eût guère qu'une cinquantaine
d'années. Sous la Restauration, on
a vu pendant quelque temps des
particuliers reprendre ces vieux
usages de coiffure et d'habillement
pour témoigner de leur attachement
aux *bons principes*. D'autres ne les
avaient jamais quittés, et c'était
sans doute par habitude de gravité
que M. Gayard conservait la poudre
et les culottes courtes.

Il était pourtant médiocrement
grave quand il n'était plus sous les
yeux du curé, à la Châtre, et de
ma grand'mère, à Nohant. Il arri-

vait le dimanche à midi, se faisait
servir un copieux déjeuner, remontait l'accord du piano et du clavecin, me donnait une leçon de
deux heures, puis allait batifoler
avec les servantes jusqu'au dîner.
Là il mangeait comme quatre, parlait peu, me faisait jouer ensuite
devant ma grand'mère un morceau
qu'il m'avait seriné plutôt qu'ex-
pliqué, et s'en allait les poches
pleines de friandises qu'il se faisait
donner par les femmes de chambre.

Je faisais des progrès apparents
avec ce professeur, et, en réalité,
je n'apprenais rien du tout, et je
perdais le respect et l'amour de la

musique. Il m'apportait de la musique facile, bête, soi-disant bril-
lante. Heureusement il se glissait
quelquefois à son insu de petits
diamants dans ce fatras, des sona-
tines de Steibelt, des pages de
Gluck, de Mozart, et de jolies études de Pleyel et de Clementi. La
preuve que j'avais un bon sentiment musical, c'est que je discernais
fort bien de moi-même ce qui
valait la peine d'être étudié, et j'y
portais un certain sentiment naïf
qui plaisait à ma grand'mère, mais
dont M. Gayard ne me tenait aucun compte. Il frappait fort et
jouait carrément, sans nuances, sans
couleur et sans cœur. C'était exact,
correct, bruyant, sans charme et

sans élévation. Je le sentais, et je
haïssais sa manière. Avec cela il
avait de grosses pattes laides, ve-
lues, grasses et sales qui me ré-
pugnaient, et une odeur de poudre
mêlée à une odeur de crasse qui
me faisait paraître ma leçon insupportable. Ma grand'mère devait
bien savoir que c'était là un maître
sans valeur et sans âme; mais elle
pensait que j'avais besoin de me
délier les doigts, et comme les
siens étaient de plus en plus paralysés, elle me donnait M. Gayard
comme une mécanique. En effet,
M. Gayard m'apprenait à remuer
les doigts et il me donnait à lire
beaucoup de musique, mais il ne
m'enseignait rien. Jamais il ne me

demanda de me rendre compte à
moi-même du ton dans lequel était
écrit le morceau qu'il me faisait
jouer, ni du mouvement, encore
moins du sentiment et de la pensée musicale. Il me fallait deviner
tout cela, car j'avais oublié toutes
les règles que ma grand'mère m'a-
vait enseignées si clairement et qu'il
eût été bon de repasser sans cesse
en les appliquant. Je les appliquais
d'instinct et ne les savais plus.
Quand je faisais quelque faute,
M. Gayard me débitait des calem-
bours et des coq-à-l'âne en forme
de critique. *C'est ainsi que je travaillais,* disait-il, *la dernière fois qu'on
me mit à la porte;* ou bien il avait
des sentences en latin de collège,

Aspice Pierrot pendu,
Quod fa dièse n'a pas rendu.

Et toute la leçon se passait ainsi,
à moins qu'il ne préférât dormir
auprès du poêle, ou se promener
dans la chambre en mangeant des
pruneaux ou des noisettes, car il
mangeait toujours et ne se souciait
guère d'autre chose.

On ne me parlait plus de chant,
et pourtant c'était là mon instinct
et ma vocation. Je trouvais un soulagement extrême à improviser en
prose ou en vers blancs des récitatifs ou des fragments de mélodie
lyrique, et il me semblait que le
chant eût été ma véritable manière

d'exprimer mes sentiments et mes émotions. Quand j'étais seule au jardin, je chantais toutes mes actions pour ainsi dire. « *Roule, roule, ma brouette; poussez, poussez, petits gazons que j'arrose; papillons jolis, venez sur mes fleurs,* » etc.; et quand j'avais du chagrin, quand je pensais à ma petite mère absente, c'étaient des complaintes en mineur qui ne finissaient pas et qui endormaient peu à peu ma mélancolie, ou qui provoquaient des larmes dont j'étais soulagée :

Ma mère, m'entends-tu? je pleure et je soupire, etc.

Vers l'âge de douze ans je m'essayai à écrire; mais cela ne dura

qu'un instant; je fis plusieurs *descriptions*, une de la vallée noire,
vue d'un certain endroit où j'allais
souvent me promener, et l'autre
d'une nuit d'été avec clair de lune.
C'est tout ce que je me rappelle,
et ma grand'mère eut la bonté de
déclarer à qui voulait la croire
que c'était des chefs-d'œuvre. D'a-
près les phrases qui me sont res-
tées dans la mémoire [1], ces chefs-
d'œuvre-là étaient bons à mettre
au cabinet. Mais ce que je me
rappelle avec plus de plaisir, c'est
que, malgré les imprudents éloges

---

[1] Il y avait entre autres métaphores une lune
qui *labourait les nuages, assise dans sa nacelle d'argent.*

de ma bonne maman, je ne fus
nullement enivrée de mon petit suc-
cès. J'avais dès lors un sentiment
que j'ai toujours conservé; c'est
qu'aucun art ne peut rendre le
charme et la fraîcheur de l'impression produite par les beautés de la
nature, de même que rien dans
l'expression ne peut atteindre à la
force et à la spontanéité de nos
émotions intimes. Il y a dans l'âme
quelque chose de plus que dans la
forme. L'enthousiasme, la rêverie,
la passion, la douleur n'ont pas
d'expression suffisante dans le do-
maine de l'art, quel que soit l'art,
quel que soit l'artiste. J'en demande
pardon aux maîtres : je les vénère
et les chéris, mais ils ne m'ont

jamais rendu ce que la nature
m'a donné, ce que moi-même j'ai
senti mille fois l'impossibilité de
rendre aux autres. L'art me semble
une aspiration éternellement impuis-
sante et incomplète, de même que
toutes les manifestations humaines.
Nous avons, pour notre malheur, le
sentiment de l'infini, et toutes nos
expressions ont une limite rapidement atteinte; ce sentiment même
est vague en nous, et les satisfac-
tions qu'il nous donne sont une
espèce de tourment.

L'art moderne l'a bien senti, ce
tourment de l'impuissance, et il a
cherché à étendre ses moyens en
littérature, en musique, en pein-

ture. L'art a cru trouver dans les
formes nouvelles du romantisme
une nouvelle puissance d'expansion.
L'art a pu y gagner, mais l'âme
humaine n'élève ses facultés que
relativement, et la soif de la perfection, le besoin de l'infini restent
les mêmes, éternellement avides,
éternellement inassouvis. C'est pour
moi une preuve irréfutable de l'existence de Dieu. Nous avons le désir inextinguible du beau idéal :
donc le désir a un but. Ce but
n'existe nulle part à notre portée,
ce but est l'infini, ce but est Dieu.

L'art est donc un effort plus ou
moins heureux pour manifester des

émotions qui ne peuvent jamais
l'être complétement, et qui, par
elles-mêmes, dépassent toute expression. Le romantisme, en augmen-
tant les moyens, n'a pas reculé
la limite des facultés humaines. Une
grêle d'épithètes, un déluge de
notes, un incendie de couleurs, ne
témoignent et n'expriment rien de
plus qu'une forme élémentaire et
naïve. J'ai beau faire, j'ai le malheur de ne rien trouver dans les
mots et dans les sons de ce qu'il
y a dans un rayon du soleil ou
dans un murmure de la brise.

Et pourtant l'art a des manifestations sublimes, et je ne saurais vivre

sans les consulter sans cesse; mais plus ces manifestations sont grandes, plus elles excitent en moi la soif d'un *mieux* et d'un *plus* que personne ne peut me donner, et que je ne puis pas donner moi-même, parce qu'il faudrait pour exprimer ce plus et ce mieux un chiffre qui n'existe pas pour nous et que l'homme ne trouvera probablement jamais.

J'en reviens à dire plus clairement et plus positivement que rien de ce que j'ai écrit dans ma vie ne m'a jamais satisfaite, pas plus mes premiers essais à l'âge de douze ans, que les travaux littéraires de ma

vieillesse, et qu'il n'y a à cela aucune modestie de ma part. Toutes
les fois que j'ai vu et senti quelque
sujet d'art, j'ai espéré, j'ai cru naïvement que j'allais le rendre comme
il m'était venu. Je m'y suis jetée
avec ardeur, j'ai rempli ma tâche
parfois avec un vif plaisir, et parfois, en écrivant la dernière page,
je me suis dit : « Oh, cette fois,
c'est bien réussi ! » Mais, hélas, je
n'ai jamais pu relire l'épreuve sans
me dire : « Ce n'est pas du tout
cela, je l'avais rêvé et senti et
conçu tout autrement ; c'est froid,
c'est *à côté*, c'est trop dit et ce ne
l'est pas assez. » Et si l'ouvrage
n'avait pas toujours été la propriété
d'un éditeur, je l'aurais mis dans un

coin avec le projet de le refaire,
et je l'y aurais oublié pour en
essayer un autre.

Je sentis donc, dès la première
tentative littéraire de ma vie, que
j'étais au-dessous de mon sujet et
que mes mots et mes phrases le
gâtaient pour moi-même. On envoya à ma mère une de mes *descriptions* pour lui faire voir comme
je devenais habile et savante; elle
me répondit : « *Tes belles phrases
m'ont bien fait rire, j'espère que tu ne
vas pas te mettre à parler comme ça.* »
Je ne fus nullement mortifiée de l'ac-
cueil fait par elle à mon élucubra-
tion poétique; je trouvai qu'elle

3.

avait parfaitement raison, et je lui
répondis : « Sois tranquille, ma pe-
» tite mère, je ne deviendrai pas
» une pédante, et quand je voudrai
» te dire que je t'aime, que je t'a-
» dore, je te le dirai tout bonne-
» ment comme le voilà dit. »

Je cessai donc d'*écrire*, mais le
besoin d'inventer et de composer ne
m'en tourmentait pas moins. Il me
fallait un monde de fictions, et je
n'avais jamais cessé de m'en créer
un que je portais partout avec moi,
dans mes promenades, dans mon
immobilité, au jardin, aux champs,
dans mon lit avant de m'endormir
et en m'éveillant, avant de me

lever. Toute ma vie j'avais eu un
roman en train dans la cervelle,
auquel j'ajoutais un chapitre plus
ou moins long aussitôt que je me
trouvais seule, et pour lequel j'a-
massais sans cesse des matériaux.
Mais pourrai-je donner une idée de
cette manière de composer que j'ai
perdue et que je regretterai toujours, car c'est la seule qui ait réa-
lisé jamais ma fantaisie?

Je ne donnerais aucun développement au récit de cette fantaisie de
mon cerveau, si je croyais qu'elle
n'eût été qu'une bizarrerie person-
nelle. Car mon lecteur doit remar-
quer que je me préoccupe beaucoup

plus de lui faire repasser et com-
menter sa propre existence, celle de
nous tous, que de l'intéresser à la
mienne propre; mais j'ai lieu de
croire que mon histoire intellectuelle
est celle de la génération à laquelle
j'appartiens, et qu'il n'est aucun de
nous qui n'ait fait, dès son jeune
âge, un roman ou un poëme.

J'avais bien vingt-cinq ans, lorsque, voyant mon frère griffonner
beaucoup, je lui demandai ce qu'il
faisait. « Je cherche, me dit-il, un
roman moral dans le fond, comique
dans la forme : mais je ne sais pas
écrire, et il me semble que tu pourrais rédiger ce que j'ébauche. » Il

me fit part de son plan, que je
trouvai trop sceptique et dont les
détails me rebutèrent. Mais, à ce
propos, je lui demandai depuis quand
il avait cette fantaisie de faire un
roman. « Je l'ai toujours eue, répondit-il. Quand j'y rêve, il me passionne
et me divertit quelquefois tant, que
j'en ris tout seul. Mais quand je veux
y mettre de l'ordre, je ne sais pas
par où commencer, par où finir. Tout
cela se brouille sous ma plume.
L'expression me manque, je m'impatiente, je me dégoûte, je brûle
ce que je viens d'écrire, et j'en
suis débarrassé pour quelques jours.
Mais bientôt cela revient comme
une fièvre. J'y pense le jour, j'y
pense la nuit, et il faut que je gri-

bouille encore, sauf à brûler toujours.

— Que tu as tort, lui dis-je, de
vouloir donner une forme arrêtée,
un plan régulier à ta fantaisie! tu
ne vois donc pas que tu lui fais
la guerre, et que si tu renonçais à
la jeter hors de toi, elle serait
toujours en toi active, riante et
féconde? Que ne fais-tu comme moi,
qui n'ai jamais gâté l'idée que je
me suis faite de ma création en
cherchant à la formuler?

— Ah çà, dit-il, c'est donc une
maladie que nous avons dans le
sang? Tu pioches donc aussi dans

le vide? tu rêvasses donc aussi
comme moi? Tu ne me l'avais jamais dit. » J'étais déjà fâchée de
m'être trahie, mais il était trop
tard pour se raviser. Hippolyte, en
me confiant son mystère, avait droit
de m'arracher le mien, et je lui
racontai ce que je vais raconter ici.

Dès ma première enfance, j'avais
besoin de me faire un monde intérieur à ma guise, un monde fantastique et poétique; peu à peu j'eus
besoin d'en faire aussi un monde
religieux ou philosophique, c'est-à-
dire moral ou sentimental. Vers
l'âge de onze ans, je lus l'*Iliade* et
la *Jérusalem délivrée*. Ah! que je

les trouvais courtes, que je fus contrariée d'arriver à la dernière page!
Je devins triste et comme malade
de chagrin de les voir sitôt finies.
Je ne savais plus que devenir; je ne
pouvais plus rien lire; je ne savais
auquel de ces deux poëmes
donner la préférence; je comprenais qu'Homère était plus beau,
plus grand, plus simple; mais
le Tasse m'intéressait et m'intri-
guait davantage. C'était plus romanesque, plus de mon temps et de
mon sexe. Il y avait des situations
dont j'aurais voulu que le poëte ne
me fît jamais sortir, Herminie chez
les bergers, par exemple, ou Clorinde délivrant du bûcher Olinde et
Sophronie. Quels tableaux enchantés

je voyais se dérouler autour de
moi! Je m'emparais de ces situations; je m'y établissais pour ainsi
dire; les personnages devenaient
miens; je les faisais agir ou parler,
et je changeais à mon gré la suite
de leurs aventures, non pas que je
crusse mieux faire que le poëte,
mais parce que les préoccupations
amoureuses de ces personnages me
gênaient, et que je les voulais tels
que je me sentais, c'est-à-dire en-
thousiastes seulement de religion,
de guerre ou d'amitié. Je préférais
la martiale Clorinde à la timide
Herminie; sa mort et son baptême
la divinisaient à mes yeux. Je haïssais Armide, je méprisais Renaud. Je
sentais vaguement de la guerrière et

de la magicienne ce que Montaigne
dit de Bradamante et d'Angélique, à
propos du poëme de l'Arioste : « *l'une*,
» d'une beauté naïve, active, géné-
» reuse, non hommasse, mais virile;
» *l'autre*, d'une beauté molle, affet-
» tée, délicate, artificielle; l'une tra-
» vestie en garçon, coiffée d'un
» morion luisant; l'autre vêtue en
» *fille*, coiffée d'un attifet emperlé. »

Mais au-dessus de ces personnages
du roman, l'Olympe chrétien planait
sur la composition du Tasse, comme
dans l'*Iliade* les dieux du paga-
nisme; et c'est par la poésie de ces
symboles que le besoin d'un sentiment religieux, sinon d'une croyance

définie, vint s'emparer ardemment
de mon cœur. Puisqu'on ne m'enseignait aucune religion, je m'aperçus qu'il m'en fallait une, et je m'en
fis une.

J'arrangeai cela très-secrètement
en moi-même; religion et roman
poussèrent de compagnie dans mon
âme. J'ai dit que les esprits les
plus romanesques étaient les plus
positifs, et quoique cela ressemble à
un paradoxe, je le maintiens. Le
penchant romanesque est un appétit
du beau idéal. Tout ce qui, dans
la réalité vulgaire, gêne cet élan
est facilement mis de côté et
compté pour rien par ces esprits
logiciens à leur point de vue. Les

chrétiens primitifs, les adeptes de
toutes les sectes enfantées par le
christianisme pris au pied de la let-
tre sont des esprits romanesques, et
leur logique est rigoureuse, absolue,
je défie qu'on prouve le contraire.

Me voilà donc, enfant rêveur,
candide, isolé, abandonné à lui-
même, lancée à la recherche d'un
idéal, et ne pouvant pas rêver un
monde, une humanité idéalisée, sans
placer au faîte un Dieu, l'idéal
même. Ce grand créateur Jéhovah,
cette grande fatalité Jupiter, ne me
parlaient pas assez directement. Je
voyais bien les rapports de cette
puissance suprême avec la nature,

je ne la sentais pas assez particulièrement dans l'humanité. Je fis ce
que l'humanité avait fait avant moi.
Je cherchai un médiateur, un inter-
médiaire, un Dieu-homme, un divin
ami de notre race malheureuse.

Homère et le Tasse venant cou-
ronner la poésie chrétienne et
païenne de mes premières lectures,
me montraient tant de divinités sublimes ou terribles que je n'avais
que l'embarras du choix; mais cet
embarras était grand. On me préparait à la première communion, et
je ne comprenais absolument rien
au catéchisme. L'Évangile et le
drame divin de la vie et de la mort

de Jésus m'arrachaient en secret
des torrents de larmes. Je m'en
cachais bien, j'aurais craint que ma
grand'mère ne se moquât de moi.
Elle ne l'eût pas fait, j'en suis certaine aujourd'hui, mais cette absence
d'intervention dans ma croyance,
dont elle semblait s'être fait une
loi, me jetait dans le doute, et
peut-être aussi l'éternel attrait du
mystère dans mes émotions les plus
intimes me portait-il à moi-même
ce préjudice moral d'être privée
de direction [1]. Ma grand'mère, en me

---

[1] Cet attrait du mystère n'est pas un phénomène de mon organisation. Que toutes les mères
se rappellent leur enfance qu'elles oublient trop
quand elles élèvent leurs filles. Cet état de l'âme
qui se cherche elle-même est inhérent à l'enfance,

voyant lire et apprendre le dogme par cœur sans faire la moindre réflexion, se flattait peut-être de trouver en moi une table rase aussitôt qu'elle voudrait m'instruire à son point de vue, mais elle se trompait. L'enfant n'est jamais une

et surtout à l'enfance de la femme. Il ne faut ni contrarier brutalement ce penchant ni le trop laisser se développer. J'ai vu des mères, d'une surveillance indélicate et jalouse, soupçonner toujours quelque impureté dans la chaste rêverie de leurs filles, et jeter des pierres ou des ordures dans ce lac tranquille et pur qui ne reflétait encore que le ciel. J'en ai vu d'autres qui laissaient toutes les ordures du dehors y tomber sans se douter de rien. C'est bien difficile, c'est parfois quasi impossible de voir au fond de cette eau dormante, et c'est à cause de cela qu'on ne saurait trop s'en préoccuper.

XI.   4

table rase. Il commente, il s'inter-
roge, il doute, il cherche, et si on
ne lui donne rien pour se bâtir
une maison, il se fait un nid avec
les fétus qu'il peut rassembler.

C'est ce qui m'arriva. Comme ma
grand'mère n'avait eu qu'un soin,
celui de combattre en moi le penchant superstitieux, je ne pouvais
croire aux miracles et je n'aurais
pas osé croire non plus à la divinité de Jésus. Mais je l'aimais
quand même, cette divinité, et je
me disais : « Puisque toute religion
est une fiction, faisons un roman
qui soit une religion ou une religion qui soit un roman. Je ne
crois pas à mes romans, mais ils

me donnent autant de bonheur que
si j'y croyais. D'ailleurs, s'il m'arrive
d'y croire de temps en temps, personne ne le saura, personne ne
contrariera mon illusion en me
prouvant que je rêve. »

Et voilà qu'en rêvant la nuit, il
me vint une figure et un nom. Le
nom ne signifiait rien, que je sache,
c'était un assemblage fortuit de syl-
labes comme il s'en forme dans les
songes. Mon fantôme s'appelait
Corambé, et ce nom lui resta. Il
devint le titre de mon roman et
le dieu de ma religion.

En commençant à parler de
Corambé, je commence à parler

4.

non-seulement de ma vie poétique,
que ce type a remplie si longtemps
dans le secret de mes rêves, mais
encore de ma vie morale, qui ne
faisait qu'une avec la première.
Corambé n'était pas, à vrai dire, un
simple personnage de roman, c'é-
tait la forme qu'avait prise et que
garda longtemps mon idéal religieux.

De toutes les religions qu'on me
faisait passer en revue comme une
étude historique pure et simple,
sans m'engager à en adopter aucune, il n'y en avait aucune, en
effet, qui me satisfît complétement,
et toutes m'attiraient par quelque
endroit. Jésus-Christ était bien pour

moi le type d'une perfection supérieure à toutes les autres; mais la
religion qui me défendait, au nom
de Jésus, d'aimer les autres philo-
sophes, les autres dieux, les autres
saints de l'antiquité, me gênait et
m'étouffait pour ainsi dire. Il me
fallait l'*Iliade* et la *Jérusalem* dans
mes fictions. Corambé se créa tout
seul dans mon cerveau. Il était pur
et charitable comme Jésus, rayonnant
et beau comme Gabriel; mais il lui
fallait un peu de la grâce des nymphes et de la poésie d'Orphée. Il
avait donc des formes moins aus-
tères que le Dieu des chrétiens,
et un sentiment plus spiritualisé
que ceux d'Homère. Et puis, il
me fallait le compléter en le vê-

tant en femme à l'occasion, car
ce que j'avais le mieux aimé, le
mieux compris jusqu'alors, c'était
une femme, c'était ma mère. Ce
fut donc souvent sous les traits
d'une femme qu'il m'apparut. En
somme, il n'avait pas de sexe et revê-
tait toutes sortes d'aspects différents.

Il y avait des déesses païennes
que je chérissais : la sage Pallas, la
chaste Diane, Iris, Hébé, Flore, les
Muses, les Nymphes; c'étaient là des
êtres charmants dont je ne voulais
pas me laisser priver par le christianisme. Il fallait que Corambé eût
tous les attributs de la beauté physique et morale, le don de l'élo-
quence, le charme tout-puissant des

arts, la magie de l'improvisation musicale surtout; je voulais l'aimer comme un ami, comme une sœur, en même temps que le révérer comme un dieu. Je ne voulais pas le craindre, et à cet effet, je souhaitais qu'il eût quelques-unes de nos erreurs et de nos faiblesses.

Je cherchai celle qui pourrait se concilier avec sa perfection, et je trouvai l'excès de l'indulgence et de la bonté. Ceci me plut particulièrement, et son existence, en se déroulant dans mon imagination (je n'oserais dire par l'effet de ma volonté, tant ces rêves me parurent bientôt se formuler d'eux-mêmes), m'offrit une série d'épreu-

ves, de souffrances, de persécutions
et de martyres. J'appelais livre ou
chant chacune de ses phases d'humanité, car il devenait homme ou
femme en touchant la terre, et
quelquefois le Dieu supérieur et
tout-puissant dont il n'était, après
tout, qu'un ministre céleste, préposé
au gouvernement moral de notre
planète, prolongeait son exil parmi
nous, pour le punir de trop d'a-
mour et de miséricorde envers
nous.

Dans chacun de ces chants (je
crois bien que mon poëme en a
eu au moins mille sans que j'aie
été tentée d'en écrire une ligne),
un monde de personnages nouveaux

se groupait autour de Corambé.
Tous étaient bons. Il y avait des
méchants qu'on ne voyait jamais
(je ne voulais pas les faire paraître), mais dont la malice et la
folie se révélaient par des images
de désastre et des tableaux de dé-
solation. Corambé consolait et ré-
parait sans cesse. Je le voyais, en-
touré d'êtres mélancoliques et tendres, qu'il charmait de sa parole
et de son chant, dans des paysages
délicieux, écoutant le récit de leurs
peines et les ramenant au bonheur
par la vertu.

D'abord je me rendis bien compte
de cette sorte de travail inédit;
mais au bout de très-peu de temps,

de très-peu de jours même, car
les jours comptent triple dans
l'enfance, je me sentis possédée par
mon sujet bien plus qu'il n'était
possédé par moi. Le rêve arriva
à une sorte d'hallucination douce,
mais si fréquente et si complète
parfois, que j'en étais comme ravie
hors du monde réel.

D'ailleurs, le monde réel se plia
bientôt à ma fantaisie. Il s'arrangea
à mon usage. Nous avions, aux
champs, mon frère, Liset et moi,
plusieurs amis, filles et garçons, que
nous allions trouver tour à tour pour
jouer, courir, marauder ou grimper
avec eux. J'allais, quant à moi, plus
souvent avec les filles d'un de nos

métayers, Marie et Solange, qui
étaient un peu plus jeunes de fait
et plus enfants que moi par caractère. Presque tous les jours, de midi
à deux heures, c'était l'heure de ma
récréation permise, je courais à la
métairie et je trouvais mes jeunes
amies occupées à soigner leurs
agneaux, à chercher les œufs de
leurs poules, épars dans les buissons, à cueillir les fruits du verger,
ou à garder les *ouailles*, comme on
dit chez nous, ou *à faire de la feuille*
pour leur provision d'hiver. Suivant
la saison, elles étaient toujours à
l'ouvrage, et je les aidais avec ardeur afin d'avoir le plaisir d'être
avec elles. Marie était un enfant
fort sage et fort simple. La plus

jeune, Solange, était assez volontaire, et nous cédions à toutes ses
fantaisies. Ma grand'mère était fort
aise que je prisse de l'exercice avec
elles, mais elle disait qu'elle ne con-
cevait pas le plaisir que je pouvais
trouver, moi qui faisais de si belles
descriptions, et qui asseyais la lune
dans une nacelle d'argent, avec ces
petites paysannes crottées, avec leurs
dindons et leurs chèvres.

Moi, j'avais le secret de mon
plaisir et je le gardais pour moi
seule. Le verger où je passais une
partie de ma journée était char-
mant (il l'est encore), et c'est là
que mon roman venait en plein
me trouver. Quoique ce verger fût

bien assez joli par lui-même, je ne
le voyais pas précisément tel qu'il
était. Mon imagination faisait d'une
butte de trois pieds une montagne,
de quelques arbres une forêt, du
sentier qui allait de la maison à la
prairie le chemin qui mène au
bout du monde, de la mare bordée
de vieux saules un gouffre ou un
lac, à volonté; et je voyais mes
personnages agir, courir ensemble,
ou marcher seuls en rêvant, ou
dormir à l'ombre, ou danser en
chantant dans ce paradis de mes
songes creux. La causette de Marie
et de Solange ne me dérangeait
nullement. Leur naïveté, leurs oc-
cupations champêtres ne détruisaient
rien à l'harmonie de mes tableaux,

et je voyais en elles deux petites
nymphes déguisées en villageoises et
préparant tout pour l'arrivée de Corambé, qui passerait par là un jour
ou l'autre et les rendrait à leur
forme et à leur destinée véritables.

D'ailleurs quand elles parvenaient
à me distraire et à faire disparaître
mes fantômes, je ne leur en savais
pas mauvais gré, puisque j'arri-
vais à m'amuser pour mon propre
compte avec elles. Quand j'étais là,
les parents se montraient fort tolé-
rants sur le temps perdu, et bien
souvent nous laissions quenouil-
les, moutons ou corbeilles pour
nous livrer à une gymnastique éche-
velée, grimper sur les arbres, ou

nous précipiter du haut en bas
des montagnes de gerbes entassées
dans la grange, jeu délirant, je
l'avoue, et que j'aimerais encore si
je l'osais.

Ces accès de mouvement et de
gaieté enivrante me faisaient trouver plus de plaisir encore à retom-
ber dans mes contemplations, et
mon cerveau excité physiquement
était plus riche d'images et de fantaisies. Je le sentais et ne m'en faisais pas faute.

Une autre amitié que je cultivais
moins assidûment, mais où mon
frère m'entraînait quelquefois, avait
pour objet un gardeur de cochons

qui s'appelait *Plaisir*. J'ai toujours
eu peur et horreur des cochons,
et pourtant, peut-être précisément
à cause de cela, Plaisir, par la
grande autorité qu'il exerçait sur
ces méchants et stupides animaux,
m'inspirait une sorte de respect et
de crainte. On sait que c'est une
dangereuse compagnie qu'un troupeau de porcs. Ces animaux ont
entre eux un étrange instinct de
solidarité. Si l'on offense un individu isolé, il jette un certain cri
d'alarme qui réunit instantanément
tous les autres. Ils forment alors
un bataillon qui se resserre sur
l'ennemi commun et le force à
chercher son salut sur un arbre;
car, de courir, il n'y faut point

songer, le porc maigre étant, comme
le sanglier, un des plus rapides et
des plus infatigables jarrets qui
existent.

Ce n'était donc pas sans terreur
que je me trouvais aux champs
au milieu de ces animaux, et jamais l'habitude n'a pu me corriger
de cette faiblesse. Pourtant Plaisir craignait si peu et dominait tel-
lement ceux auxquels il avait affaire,
leur arrachant sous le nez les fé-
veroles et autres tubercules sucrés
qu'ils trouvent dans nos terres,
que je travaillais à m'aguerrir auprès de lui. La plus terrible bête
de son troupeau, c'était le maître
porc, celui que nos pastours ap-

pellent le *cadi*, et qui, réservé à la
reproduction de l'espèce, atteint souvent une taille et une force extraor-
dinaires. Il l'avait si bien dompté,
qu'il le chevauchait avec une sorte
de maestria sauvage et burlesque.

Walter Scott n'a pas dédaigné d'in-
troduire un gardeur de pourceaux
dans *Ivanhoé*, un de ses plus beaux
romans. Il aurait pu tirer un grand
parti de la figure de Plaisir. C'é-
tait un être tout primitif, doué
des talents de sa condition barbare.
Il abattait les oiseaux à coups de
pierre avec une habileté remarquable et s'exerçait principalement
sur les pies et les corneilles qui
viennent, en hiver, faire société

intime avec les troupeaux de porcs.
On les voit se tenir autour de ces
animaux pour chercher dans les
mottes de terre qu'ils retournent avec
leur nez les vers et les graines en
germe. Cela donne lieu à de grandes altercations entre ces oiseaux
querelleurs; celui qui a saisi la
proie saute sur le cochon pour
la dévorer à son aise, les autres l'y suivent pour le houspiller,
et le dos ou la tête du quadru-
pède indifférent et impassible devient le théâtre de luttes acharnées.
Quelquefois aussi ces oiseaux se
perchent sur le pourceau seulement
pour se réchauffer, ou pour mieux
observer le travail dont ils doivent
profiter. J'ai vu souvent une vieille

5.

corneille cendrée se tenir ainsi sur
une jambe, d'un air pensif et mé-
lancolique, tandis que le pourceau
labourait profondément le sol, et
par ses efforts lui imprimait des
secousses qui la dérangeaient, l'impa-
tientaient et la décidaient à le corriger à coups de bec.

C'est dans cette farouche société
que Plaisir passait sa vie; vêtu
en toute saison d'une blouse et
d'un pantalon de toile de chanvre
qui avaient pris, ainsi que ses
mains et ses pieds nus, la couleur
et la dureté de la terre, se nour-
rissant, comme son troupeau, des
racines qui rampent sous le sol,
armé de l'instrument de fer trian-

gulaire qui est le sceptre des porchers et qui leur sert à creuser et
à couper sous les sillons, toujours
enfoui dans quelque trou, ou ram-
pant sous les buissons pour y pour-
suivre les serpents ou les belettes,
quand un pâle soleil d'hiver faisait
briller le givre sur les grands terrains bouleversés par l'incessant travail de son troupeau, il me faisait
l'effet du gnome de la glèbe, une sorte
de diable entre l'homme et le loup-
garou, entre l'animal et la plante [1].

[1] Il devenait plus fantastique encore lorsqu'il
disait la chanson des porchers. C'est un chant
étrange qui doit, comme celui des bouviers de
notre pays, remonter à la plus haute antiquité. On
ne saurait le traduire musicalement, parce qu'il
est entrecoupé et mêlé de cris et d'appels au troupeau, qui relient entre elles des phrases sans

A la lisière du champ où nous
vîmes Plaisir pendant toute une

rhythme fixe, et d'une intonation bizarre. Cela
est triste, railleur et d'un caractère effrayant
comme un sabbat de divinités gauloises. Comme
tous les chants conservés par la tradition orale, il
y a un nombre infini de versions qui se modifient
encore au gré du pastour, mais qui restent toujours
dans la couleur primitive. Les paroles sont impro-
visées le plus souvent. On y entend revenir cependant ces trois vers consacrés :

> Quand les porcs ont l'ailland (le gland),
> Les maît'e avont l'argent,
> Les porchers le pain blanc....

et ceux-ci :

> Que le diable et la mort
> Emportiont tous les porcs!
> Les petits et les grands,
> La mère et les enfans.

Je parlerai ailleurs du *Chant des bœufs*, qui
est une chose superbe et de la même antiquité.

saison, le fossé était couvert d'une
belle végétation. Sous les branches
pendantes des vieux ormes et
l'entre-croisement des ronces, nous
autres enfants, nous pouvions marcher à couvert, et il y avait des
creux secs et sablonneux avec des
revers de mousse et d'herbes des-
séchées, où nous pouvions nous
tenir à l'abri du froid ou de la
pluie. Ces retraites me plaisaient
singulièrement, surtout quand j'y
étais seule et que les rouges-gorges
et les roitelets, enhardis par mon
immobilité, venaient curieusement
tout auprès de moi pour me regarder. J'aimais à me glisser ina-
perçue sous les berceaux naturels
de la haie, et il me semblait en-

trer dans le royaume des esprits
de la terre. J'eus là beaucoup d'in-
spirations pour mon roman. Corambé
vint m'y trouver sous la figure
d'un gardeur de pourceaux, comme
Apollon chez Admète. Il était pauvre et poudreux comme Plaisir;
seulement sa figure était autre et
laissait quelquefois jaillir un rayon
où je reconnaissais le dieu exilé,
condamné à d'obscurs et mélancoliques labeurs. Le cadi était un
méchant génie attaché à ses pas et
dompté, malgré sa malice, par l'ir-
résistible influence de l'esprit de
patience et de bonté. Les petits
oiseaux du buisson étaient des syl-
phes qui venaient le plaindre et le
consoler dans leur joli langage, et

il souriait encore sous ses haillons,
le pauvre pénitent volontaire. Il me
racontait qu'il expiait la peine de
quelqu'un, et que son abjection
était destinée à racheter l'âme d'un
de mes personnages coupable de
faste ou d'indolence.

Dans le fossé couvert je vis aussi
apparaître un personnage mytholo-
gique qui m'avait fait une grande
impression dans ma première enfance. C'était l'antique Démogorgon,
le génie du sein de la terre, ce
petit vieillard crasseux, couvert de
mousse, pâle et défiguré, qui habitait
les entrailles du globe. Ainsi le dé-
crivait mon vieux traité de mytho-
logie, lequel assurait, en outre,

que Démogorgon s'ennuyait beaucoup dans cette triste solitude. L'i-
dée m'était bien venue quelquefois
de faire un grand trou pour essayer de le délivrer, mais lorsque
je commençai à rêver de Corambé,
je n'ajoutais plus foi aux fables
païennes, et Démogorgon ne fut
plus pour moi qu'un personnage
fantastique dans mon roman. Je
l'évoquais pour qu'il vint s'entrete-
nir avec Corambé, qui lui racontait
les malheurs des hommes et le
consolait ainsi de vivre parmi les
débris ignorés de l'antique création.

Peu à peu la fiction qui m'absor-
bait prit un tel caractère de con-

viction que j'éprouvai le besoin de
me créer une sorte de culte.

Pendant près d'un mois, je par-
vins à me dérober à toute surveillance durant mes heures de
récréation, et à me rendre si complétement invisible, que personne
n'eût pu dire ce que je devenais à
ces heures-là, pas même Rose, qui
pourtant ne me laissait guère tranquille, pas même Liset, qui me suivait partout comme un petit chien.

Voici ce que j'avais imaginé. Je
voulais élever un autel à Corambé
J'avais d'abord pensé à la grotte en
rocaille qui subsistait encore, quoi-

que ruinée et abandonnée; mais le chemin en était encore trop connu et trop fréquenté. Le petit bois du jardin offrait alors certaines parties d'un fourré impénétrable. Les arbres, encore jeunes, n'avaient pas étouffé la végétation des aubépines et des troënes qui croissaient à leur pied, serrés comme les herbes d'une prairie. Dans ces massifs que côtoyaient les allées de charmille, j'avais donc remarqué qu'il en était plusieurs où personne n'entrait jamais et où l'œil ne pouvait pénétrer durant la saison des feuilles. Je choisis le plus épais, je m'y frayai un passage et je cherchai dans le milieu un endroit convenable. Il s'y trouva, comme

s'il m'eût attendue. Au centre du
fourré s'élevaient trois beaux érables
sortant d'un même pied, et la végétation des arbustes étouffés par
leur ombrage s'arrondissait à l'en-
tour pour former comme une petite
salle de verdure. La terre était jon-
chée d'une mousse magnifique, et,
de quelque côté qu'on portât les
yeux, on ne pouvait rien distinguer
dans l'interstice des broussailles à
deux pas de soi. J'étais donc là
aussi seule, aussi cachée qu'au fond
d'une forêt vierge, tandis qu'à trente
ou quarante pieds de moi couraient
des allées sinueuses où l'on pouvait
passer et repasser sans se douter
de rien.

Il s'agissait de décorer à mon gré
le temple que je venais de décou-
vrir. Pour cela je procédai comme
ma mère me l'avait enseigné. Je me
mis à la recherche des beaux cail-
loux, des coquillages variés, des
plus fraîches mousses. J'élevai une
sorte d'autel au pied de l'arbre prin-
cipal, et au-dessus je suspendis une
couronne de fleurs que des chape-
lets de coquilles roses et blanches
faisaient descendre comme un lustre
des branches de l'érable. Je coupai
quelques broussailles, de manière à
donner une forme régulière à la
petite rotonde, et j'y entrelaçai du
lierre et de la mousse de façon
à former une sorte de colonnade
de verdure avec des arcades, d'où

liberté à toutes les bêtes que je
pourrais me procurer. Je me mis
donc à la recherche des papillons,
des lézards, des petites grenouilles
vertes et des oiseaux; ces derniers
ne me manquaient pas, j'avais toujours une foule d'engins tendus de
tous côtés, au moyen desquels j'en
attrapais souvent. Liset en prenait
dans les champs et me les apportait;
de sorte que, tant que dura mon
culte mystérieux, je pus tous les
jours délivrer, en l'honneur de Corambé, une hirondelle, un rouge-
gorge, un chardonneret, voire un
moineau franc. Les moindres offran-
des, les papillons et les scarabées
comptaient à peine. Je les mettais dans une boîte que je dépo-

sais sur l'autel et que j'ouvrais, après
avoir invoqué le bon génie de la
liberté et de la protection. Je crois
que j'étais devenue un peu comme
ce pauvre fou qui cherchait la
tendresse. Je la demandais aux
bois, aux plantes, au soleil, aux
animaux et à je ne sais quel être
invisible qui n'existait que dans mes
rêves.

Je n'étais plus assez enfant pour
espérer de voir apparaître ce génie ;
cependant, à mesure que je matéria-
lisais pour ainsi dire mon poëme,
je sentais mon imagination s'exalter
singulièrement. J'étais également
près de la dévotion et de l'idolâtrie,
car mon idéal était aussi bien chré-

tien que païen, et il vint un moment où, en accourant le matin
pour visiter mon temple, j'attachais
malgré moi une idée superstitieuse
au moindre dérangement. Si un
merle avait gratté mon autel, si le
pivert avait entaillé mon arbre,
si quelque coquille s'était détachée
du feston ou quelque fleur de la
couronne, je voulais que, pendant
la nuit, au clair de la lune, les
nymphes ou les anges fussent venus
danser et folâtrer en l'honneur de
mon bon génie. Chaque jour je re-
nouvelais toutes les fleurs et je faisais des anciennes couronnes un
amas qui jonchait l'autel. Quand, par
hasard, la fauvette ou le pinson
auquel je donnais la volée, au lieu

6.

de fuir effarouché dans le taillis,
montait sur l'arbre et s'y reposait
un instant, j'étais ravie; il me
semblait que mon offrande avait
été plus agréable encore que de
coutume. J'avais là des rêveries dé-
licieuses, et, tout en cherchant le
merveilleux qui avait pour moi
tant d'attrait, je commençais à
trouver l'idée vague et le sentiment
net d'une religion selon mon cœur.

Malheureusement (heureusement
peut-être pour ma petite cervelle,
qui n'était pas assez forte pour
creuser ce problème), mon asile fut
découvert. A force de me chercher,
Liset arriva jusqu'à moi, et tout

ébaubi à la vue de mon temple, il
s'écria : « Ah! mam'selle, le joli
petit reposoir de la Fête-Dieu! »

Il ne vit qu'un amusement dans
mon mystère, et il voulut m'aider
à l'embellir encore. Mais le charme
était détruit. Du moment que d'autres pas que les miens eurent foulé
ce sanctuaire, Corambé ne l'habita
plus. Les dryades et les chérubins
l'abandonnèrent, et il me sembla
que mes cérémonies et mes sacrifices
n'étaient plus qu'une puérilité que je
n'avais pas prise moi-même au sérieux. Je détruisis le temple avec
autant de soin que je l'avais édifié.
Je creusai au pied de l'arbre et

j'enterrai les guirlandes, les coquillages et tous les ornements champêtres sous les débris de l'autel.

CHAPITRE NEUVIÈME.

L'ambition de Liset. — Énergie et langueur de l'adoles-
cence. — Les glaneuses. — Deschartres me rend com-
muniste. — Il me dégoûte du latin. — Un orage pendant la fenaison. — La *bête*. — Histoire de l'enfant
de chœur. — Les veillées des chanvreurs. — Les histoires du sacristain. — Les visions de mon frère. —
Les beautés de l'hiver à la campagne. — Association
fraternelle des preneurs d'alouettes. — Le roman de
Corambé se passe du nécessaire. — La première communion. — Les comédiens de passage. — La messe et
l'Opéra. — Brigitte et Charles. — L'enfance ne passe
pas pour tout le monde.

Mon frère était si content de s'en aller, que je ne pus pas m'affliger beaucoup de le voir partir. Cependant la maison me parut bien grande, le jardin bien triste, la vie bien morne quand je me trouvai seule. Comme il riait en me quit-

tant, j'aurais eu honte de pleurer;
mais je pleurai le lendemain matin,
lorsqu'en m'éveillant je me dis que
je ne le verrais plus. Liset, me voyant
les yeux rouges à la récréation, se
crut obligé de pleurer, quoiqu'il eût
été plus tourmenté et plus rossé
que choyé par Hippolyte. C'était un
enfant très-sensible, que ses parents
ne rendaient pas heureux et qui
avait reporté sur moi toutes ses
affections. Il rêvait, comme félicité
suprême, d'être un jour mon jockey
et d'avoir un chapeau galonné. Je
ne goûtais pas ce genre d'ambition,
et je lui jurais que *de ma vie je
ne galonnerais* mes domestiques. J'ai
tenu parole; je ne peux pas souffrir ces travestissements; mais c'était

le conte de fées, la poésie de Liset,
et je ne pus jamais lui faire comprendre que c'était une sotte vanité.
Le pauvre enfant est mort pendant
que j'étais au couvent, et je devais
bientôt le quitter pour ne plus le
revoir.

Tout au milieu de mes rêvasseries
sans fin et des chagrins de ma situation, je me développais extraordi-
nairement. J'annonçais devoir être
grande et robuste; de douze à treize
ans, je grandis de trois pouces et
j'acquis une force exceptionnelle pour
mon âge et pour mon sexe. Mais
j'en restai là, et mon développement
s'arrêta au moment où il commence
souvent pour les autres. Je ne

dépassai pas la taille de ma mère,
mais je fus toujours très-forte, et
capable de supporter des marches
et des fatigues presque viriles.

Ma grand'mère ayant enfin compris que je n'étais jamais malade
que faute d'exercice et de grand
air, avait pris le parti de me laisser courir, et pourvu que je ne re-
vinsse pas avec des déchirures à ma
personne ou à mes vêtements, Rose
m'abandonnait peu à peu à ma liberté physique. La nature me poussait
par un besoin invincible à seconder
le travail qu'elle opérait en moi, et
ces deux années, celles où je rêvai
et pleurai pourtant le plus, furent
aussi celles où je courus et où je

m'agitai davantage. Mon corps et
mon esprit se commandaient alternativement une inquiétude d'activité
et une fièvre de contemplations,
pour ainsi dire. Je dévorais les
livres qu'on me mettait entre les
mains, et puis tout à coup je sau-
tais par la fenêtre du rez-de-chaus-
sée, quand elle se trouvait plus près
de moi que la porte, et j'allais
m'ébattre dans le jardin ou dans
la campagne, comme un poulain
échappé. J'aimais la solitude de passion, j'aimais la société des autres
enfants avec une passion égale;
j'avais partout des amis et des com-
pagnons. Je savais dans quel champ,
dans quel pré, dans quel chemin
je trouverais Fanchon, Pierrot, Li-

linne, Rosette ou Sylvain. Nous faisions le *ravage* dans les fossés, sur
les arbres, dans les ruisseaux. Nous
gardions les troupeaux, c'est-à-dire
que nous ne les gardions pas du
tout, et que, pendant que les chèvres et les moutons faisaient bonne
chère dans les jeunes blés, nous for-
mions des danses échevelées, ou bien
nous goûtions sur l'herbe avec nos
galettes, nos fromages et notre pain
bis. On ne se gênait pas pour traire
les chèvres et les brebis, voire les
vaches et les juments quand elles
n'étaient pas trop récalcitrantes. On
faisait cuire des oiseaux ou des
pommes de terre sous la cendre.
Les poires et les pommes sauvages,
les prunelles, les mûres de buisson,

les racines, tout nous était régal.
Mais c'était là qu'il ne fallait pas
être surpris par Rose, car il m'était
enjoint de ne pas manger *hors des
repas*, et si elle arrivait, armée
d'une houssine verte, elle frappait
impartialement sur moi et sur mes
complices.

Chaque saison amenait ses plai-
sirs. Dans le temps des foins, quelle
joie que de se rouler sur le som-
met du charroi, ou sur les milo-
ches! Toutes mes amies, tous mes
petits camarades rustiques venaient
glaner derrière les ouvriers dans
nos prairies, et j'allais rapidement
faire l'ouvrage de chacun d'eux, c'est-
à-dire que, prenant leurs râteaux,

j'entamais dans nos récoltes, et qu'en
un tour de main je leur en donnais à chacun autant qu'il en pouvait emporter. Nos métayers faisaient
la grimace, et je ne comprenais pas
qu'ils n'eussent pas le même plaisir
que moi à donner. Deschartres se
fàchait; il disait que je faisais de
tous ces enfants des pillards qui me
feraient repentir, un jour, de ma fa-
cilité à donner et à laisser prendre.

C'était la même chose en temps
de moisson; ce n'était plus des
javelles qu'emportaient les enfants
de la commune, c'était des gerbes. Les pauvresses de la Châtre
venaient par bandes de quarante et
cinquante. Chacune m'appelait pour

suivre sa rège, c'est-à-dire pour tenir son sillon avec elle, car elles
établissent entre elles une discipline
et battent celle qui glane hors de
sa ligne. Quand j'avais passé cinq
minutes avec une glaneuse, comme
je ne me gênais pas pour prendre
à deux mains dans nos gerbes, elle
avait gagné sa journée, et lorsque
Deschartres me grondait, je lui rap-
pelais l'histoire de Ruth et de Booz.

C'est de cette époque particulièrement que datent les grandes et fastidieuses instructions que le bon
Deschartres entreprit de me faire
goûter sur les avantages et les plai-
sirs de la propriété. Je ne sais pas
si j'étais prédisposée à prendre la

XL   7

contre-partie de sa doctrine, ou si
ce fut la faute du professeur, mais
il est certain que je me jetai par
réaction dans le *communisme* le plus
aveugle et le plus absolu. On pense
bien que je ne donnais pas ce nom
à mon utopie, je crois que le mot
n'avait pas encore été créé; mais
je décrétai en moi-même que l'égalité des fortunes et des conditions
était la loi de Dieu, et que tout
ce que la fortune donnait à l'un,
elle le volait à l'autre. J'en demande
bien pardon à la société présente,
mais cela m'entra dans la tête à
l'âge de douze ans, et n'en sortit
plus que pour se modifier en se
conformant aux nécessités morales
des faits accomplis. L'idéal resta

pour moi dans un rêve de frater-
nité paradisiaque, et lorsque je devins catholique plus tard, ce rêve
s'appuya sur la logique de l'Évangile. J'y reviendrai.

J'exposais naïvement mon utopie
à Deschartres. Pauvre homme! s'il
vivait aujourd'hui, avec ses instincts
réactionnaires développés par les
circonstances, dans quelles fureurs
certaines idées nouvelles lui feraient achever ses jours! Mais en
1816 l'utopie ne lui paraissait pas
menaçante, et il prenait la peine
de la discuter méthodiquement.
« Vous changerez d'avis, me disait-il,
et vous arriverez à mépriser trop
l'humanité pour vouloir vous sacri-

7.

fier à elle. Mais, dès à présent, il
faut combattre en vous ces instincts
de prodigalité que vous tenez de
votre pauvre père. Vous n'avez pas
la moindre idée de ce que c'est que
l'argent; vous vous croyez riche
parce que vous voyez autour de
vous de la terre qui est à vous, des
moissons qui mûrissent pour vous,
des bestiaux qu'on soigne et qu'on
engraisse pour vous fournir tous les
ans quelques sacs d'écus. Mais avec
tout cela vous n'êtes pas riche, et
votre bonne maman a bien de la
peine à tenir sa maison sur un
pied honorable.

— Eh bien, voyons, disais-je, qui
est-ce qui force ma bonne maman

à ces dépenses, qui sont principalement une bonne cave et une bonne
table pour ses amis? Car, quant à
elle, elle mange comme un oiseau,
et une bouteille de muscat lui du-
rerait bien deux mois. Croyez-vous
qu'on vienne la voir pour boire et
manger ses friandises? — Mais il
faut ceci, il faut cela, » disait Deschartres. Je niais tout; j'accordais
qu'il fallait à ma bonne maman
tout le bien-être dont je la voyais
jouir avec plaisir, mais je préten-
dais que Deschartres et moi nous
pouvions bien nous mettre au
brouet noir des Lacédémoniens. Cela
ne lui souriait pas du tout. Il raillait
ma ferveur de novice en stoïcisme,
et il m'emmenait voir nos champs

et nos prés, assurant que je devais
me mettre au courant de ma fortune et que je ne pouvais de trop
bonne heure me rendre compte de
mes dépenses et de mes recettes. Il
me disait : « Voilà un morceau de
terre qui vous appartient. Il a coûté
tant, il vaut tant, il rapporte tant. »
Je l'écoutais d'un air de complai-
sance, et lorsqu'au bout d'un instant il voulait me faire répéter ma
leçon de propriétaire, il se trouvait que je ne l'avais pas entendue,
ou que je l'avais déjà oubliée. Ses
chiffres ne me disaient rien; je savais très-bien dans quel blé pous-
saient les plus belles nielles et les
plus belles gesses sauvages, dans
quelle haie je trouverais des coro-

nilles et des saxifrages, dans quel pré
des mousserons ou des morilles, sur
quelles fleurs, au bord de l'eau, se
posaient les demoiselles vertes et les
petits hannetons bleus; mais il m'était
impossible de lui dire si nous étions
sur nos terres ou sur celles du voisin, où était la limite du champ,
combien d'ares, d'hectares ou de
centiares renfermait cette limite, si
la terre était de première ou de
troisième qualité, etc. Je le désespé-
rais, j'étouffais des bâillements spas-
modiques, et je finissais par lui dire
des folies qui le faisaient rire et
gronder en même temps. « Ah ! pauvre tête, pauvre cervelle! disait-il
en soupirant. C'est absolument
comme son père; de l'intelligence

pour certaines choses inutiles et
brillantes, mais néant en fait de
notions pratiques! pas de logique,
pas un grain de logique!» Que dirait-
il donc aujourd'hui s'il savait que,
grâce à ses explications, j'ai pris
une telle aversion pour la posses-
sion de la terre que je ne suis pas
plus avancée à quarante-cinq ans
que je ne l'étais à douze! Je l'a-
voue à ma honte, je ne connais
pas mes terres d'avec celles du voisin, et quand je me promène à
trois pas de ma maison, j'ignore
absolument chez qui je suis.

Il semblerait qu'il fît tout son
possible, ce brave homme, pour me
dégoûter à tout jamais de ce qu'il

appelait l'agriculture. Moi, j'adorais
déjà, j'ai toujours adoré la poésie
des scènes champêtres, mais il ne
voulait m'y laisser voir rien de ce que
j'y voyais. Si j'admirais la physio-
nomie imposante des grands bœufs
ruminant dans les herbes, il fallait
entendre toute l'histoire du marché où
le prix de ce bœuf avait été discuté,
et la surenchère de tel fermier, et les
grandes raisons que Deschartres, se-
condé par un intelligent Marchois
de sa connaissance, avait fait valoir
pour le payer trente francs de
moins. Et puis ce bœuf avait une
maladie qu'il fallait connaître et
examiner. Il avait le pied tendre,
la corne usée, une maladie de peau,
que sais-je? Adieu la poésie et l'i-

déale sérénité de mon bœuf Apis,
le roi des prairies. Ces bons moutons qui venaient m'étouffer de
leurs empressements pour manger
dans mes poches, il fallait les voir
trépaner parce qu'ils avaient une
affection cérébrale; c'était horrible.
Il grondait terriblement les bergè-
res, mes douces compagnes, qui
tremblaient devant lui et s'en
allaient en pleurant, tandis que
moi, plantée à son côté comme
juge et comme partie intéressée en
même temps, je prenais en exécra-
tion mon rôle de *propriétaire* et de
maître, qui tôt ou tard devait me
faire haïr. Haïr pour ma parcimonie
ou railler pour mon insouciance,
c'était l'écueil inévitable, et j'y suis

tombée. Les paysans de chez nous
ont un grand mépris pour mon
incurie, et je passe parmi eux depuis
longues années pour une espèce
d'imbécile.

Quand je voulais aller d'un côté,
Deschartres m'emmenait d'un autre.
Nous partions pour la rivière, qui
dans tout son parcours, sous les
saules et le long des écluses du
petit ravin, offre une suite de paysages adorables, des ombrages frais
et des fabriques rustiques du style
le plus pittoresque. Mais, en route,
Deschartres, armé de sa lunette de
poche, voyait des oies dans un de
nos blés. Il fallait remonter la côte
aride, et, sous l'ardente chaleur de

l'été, aller verbaliser sur ces oies,
ou sur la chèvre qui pelait des
ormeaux, déjà si pelés, que je ne
comprends guère le mal qu'elle y
pouvait faire. Et puis on surpre-
nait dans un arbre touffu un gamin volant de la feuille. L'âne du
voisin avait franchi la haie et ton-
dait dans nos foins la *largeur de
sa langue*. C'étaient des délits con-
tinuels à réprimer, des exécutions,
des menaces, des querelles de tous
les instants, et qui s'engageaient
parfois avec mes meilleurs amis.
Cela me serrait le cœur, et quand
je le disais à ma grand'mère, elle
me donnait de l'argent pour que
je pusse, en cachette de Deschartres, aller rembourser les frais de

l'amende au délinquant, ou porter
de sa part les paroles de grâce.

Mais ce rôle ne me plaisait pas
non plus; il était loin de satisfaire
mon idéal d'égalité fraternelle. En
faisant grâce à ces villageois, il
me semblait que je les rabaissais
dans mon propre cœur. Leurs re-
merciments me blessaient, et je ne
pouvais pas m'empêcher de leur
dire que je ne faisais là qu'un
acte de justice. Ils ne me comprenaient pas. Ils s'avouaient coupables,
très-coupables dans la personne de
leurs enfants, mauvais gardiens du
petit troupeau. On voulait les battre
en ma présence pour me donner
satisfaction; cela m'était odieux, et

véritablement, me sentant devenir
chaque jour artiste avec des instincts de poésie et de tendresse, je
maudissais le sort qui m'avait fait
naître dame et châtelaine contre
mon gré. J'enviais la condition des
pastours. Mon plus doux rêve eût
été de m'éveiller un beau matin
sous leur chaume, de m'appeler
Naniche ou Pierrot, et de mener
mes bêtes au bord des chemins,
sans souci de M. Lhomond et compagnie, sans solidarité avec les riches, sans appréhension d'un avenir
qu'on me présentait si compliqué,
si difficile à soutenir et si antipa-
thique à mon caractère. Je ne
voyais dans cette petite fortune,
qu'on voulait me faire compter et

recompter sans cesse, qu'un embarras dont je ne saurais jamais me
tirer, et je ne me trompais nullement.

En dépit de mon goût pour le
vagabondage, une sorte de fatalité
me poussait au besoin de cultiver
mon intelligence, malgré la con-
viction où j'étais que toute science
était vanité et fumée. Même au
milieu de mes plus vifs amusements
champêtres, il me prenait un besoin de solitude et de recueillement
ou une rage de lecture, et, passant
d'un extrême à l'autre après une
activité fiévreuse, je m'oubliais dans
les livres pendant plusieurs jours,
et il n'y avait pas moyen de me

faire bouger de ma chambre ou du
petit boudoir de ma grand'mère;
de sorte qu'on était bien embarrassé
de définir mon caractère, tantôt
dissipé jusqu'à la folie, tantôt sérieux et morne jusqu'à la tristesse.

Deschartres s'était beaucoup radouci
depuis que mon frère n'était plus là
pour le faire enrager. Il se plaisait
souvent aux leçons que je prenais
bien; mais l'inconstance de mon
humeur ramenait de temps en temps
les bourrasques de la sienne, et
il m'accusait de mauvaise volonté
quand je n'avais réellement qu'une
fièvre de croissance. Il me menaça
quelquefois de me frapper; et comme
ces sortes d'avertissements sont déjà

un fait à demi accompli, je me tenais sur mes gardes, résolue à ne
pas souffrir de lui ce que je commençais à ne plus souffrir de Rose.
A l'habitude, il était débonnaire
avec moi, et me savait un gré infini de la promptitude avec laquelle
je comprenais ses enseignements,
quand ils étaient clairs. Mais, en
de certains jours, j'étais si distraite,
qu'il lui arriva enfin de me jeter à
la tête un gros dictionnaire latin.
Je crois qu'il m'aurait tuée si je
n'eusse lestement évité le boulet en
me baissant à propos. Je ne dis rien
du tout, je rassemblai mes cahiers
et mes livres, je les mis dans l'armoire, et j'allai me promener. Le
lendemain, il me demanda si j'avais

fait ma version : « Non, lui dis-je,
je sais assez de latin comme cela,
je n'en veux plus! » Il ne m'en re-
parla jamais, et le latin fut abandonné. Je ne sais pas comment il
s'en expliqua avec ma grand'mère;
elle ne m'en parla pas non plus.
Probablement Deschartres eut honte
de son emportement et me sut gré
de lui en garder le secret, en même
temps qu'il comprit que ma résolution de ne plus m'y exposer était
irrévocable. Cette aventure ne m'empêcha pas de l'aimer; il était pourtant l'ennemi juré de ma mère, et
je n'avais jamais pu prendre mon
parti sur les mauvais traitements qu'il
avait fait essuyer à Hippolyte. Un
jour qu'il l'avait cruellement battu,

je lui avais dit : « *Je vais le dire à ma bonne maman*, » et je l'avais fait résolûment. Il avait été sévèrement blâmé, à ce que je présume, mais il ne m'en avait pas gardé de ressentiment. Comme nous étions francs l'un et l'autre, nous ne pouvions pas nous brouiller.

Il avait beaucoup du caractère de Rose, c'est pour cela qu'ils ne pouvaient pas se supporter. Un jour qu'elle balayait ma chambre et qu'il passait dans le corridor, elle lui avait jeté de la poussière sur ses beaux souliers reluisants. Lui de la traiter de butorde, elle de le qualifier de crocheteur; le combat s'engage, et Rose, lançant son balai

8.

dans les jambes du pédagogue pendant qu'il descendait l'escalier, avait
failli lui faire rompre le cou. De
ce moment ils se détestèrent cor-
dialement; c'était chaque jour de
nouvelles querelles, qui dégénéraient
même en pugilat. Un peu plus tard
il eut des différends moins énergi-
ques, mais encore plus amers avec
Julie. La cuisinière était aussi à
couteaux tirés avec Rose, et elles se
jetaient les assiettes à la tête. La-
dite cuisinière se battait d'autre part
avec son vieux époux, Saint-Jean.
On changea dix fois le valet de
chambre parce qu'il ne pouvait
s'entendre avec Rose ou avec Deschartres. Jamais intérieur ne fut
troublé de plus de criailleries et de

batailles. Tel était le triste effet de
l'excessive faiblesse de ma grand'—
mère. Elle ne voulait ni se séparer
de ses domestiques, ni s'établir juge
de leurs différends. Deschartres, en
voulant y porter la paix, venait y
mêler la tempête de sa colère. Tout
cela m'inspirait un grand dégoût, et
augmentait mon amour pour les
champs et pour la société de mes
pastours, qui étaient si doux et vi-
vaient en si bon accord.

Quand je sortais avec Deschartres,
je pouvais aller assez loin avec lui,
et j'avais une certaine liberté. Rose
m'oubliait, et je pouvais faire le
gamin tout à mon aise. Un soir la
fenaison se prolongea fort tard

dans la soirée. On enlevait le dernier charroi d'un pré. Il faisait clair
de lune, et on voulait en finir,
parce que l'orage s'annonçait pour
la nuit. Quelque diligence qu'on fît,
le ciel se voila, et la foudre commençait à gronder lorsque nous re-
prîmes le chemin de la ferme. Nous
étions au bord de la rivière, à un
quart de lieue de chez nous. Le
charroi, chargé précipitamment, était
mal équilibré. Deux ou trois fois en
chemin il s'écroula, et il fallut le
rétablir. Nous avions de jeunes bœufs
de trait que le tonnerre effrayait,
et qui ne marchaient qu'à grands
renforts d'aiguillon, et en soufflant
d'épouvante comme des chevaux
ombrageux. La bande des glaneurs

et des glaneuses de foin nous avait
attendus pour aider au chargement
et pour soutenir de leurs râteaux
l'édifice chancelant, que chaque or-
nière compromettait. Deschartres, armé de l'aiguillon, dont il se servait
mal, *pestait, suait, jurait;* les métayers et leurs ouvriers se lamen-
taient avec exagération, comme s'il
se fût agi de la retraite de Russie.
C'est la manière de s'impatienter du
paysan berrichon. La foudre roulait
avec un fracas épouvantable, et le
vent soufflait avec furie. On ne
voyait plus à se conduire qu'à la
lueur des éclairs, et le chemin était
très-difficile. Les enfants avaient peur
et pleuraient. Une de mes petites
camarades était si démoralisée qu'elle

ne voulait plus porter sa petite récolte, et l'aurait laissée au milieu
du chemin si je ne m'en fusse chargée. Encore fallait-il la tirer elle-
même par la main, car elle avait
mis son tablier sur sa tête pour ne
pas voir le *feu du ciel*, et elle se
jetait dans tous les trous. Il était
fort tard quand nous arrivâmes enfin par un vrai déluge. On était inquiet de nous à la maison. A la
ferme on était inquiet des bœufs et
du foin. Pour moi, cette scène cham-
pêtre m'avait ravie, et j'essayai le
lendemain d'en écrire la description,
mais je n'y réussis pas à mon gré,
et je la déchirai sans la montrer à
ma grand'mère. Chaque nouvel es-
sai que je faisais de formuler mon

émotion me dégoûtait pour longtemps de recommencer.

L'automne et l'hiver étaient le
temps où nous nous amusions le
mieux. Les enfants de la campagne
y sont plus libres et moins occupés.
En attendant les blés de mars, il y
a des espaces immenses où leurs
troupeaux peuvent errer sans faire
de mal. Aussi se gardent-ils eux-
mêmes tandis que les pastours, ras-
semblés autour de leur feu en plein
vent, devisent, jouent, dansent, ou
se racontent des histoires. On ne
s'imagine pas tout ce qu'il y a de
merveilleux dans la tête de ces enfants qui vivent au milieu des scènes
de la nature sans y rien comprendre,

et qui ont l'étrange faculté de voir
par les yeux du corps tout ce que
leur imagination leur représente.
J'ai tant de fois entendu raconter
à plusieurs d'entre eux, que je savais très-véridiques, et trop simples
d'ailleurs pour rien inventer, les
apparitions dont ils avaient été té-
moins, que je suis bien persuadée
qu'ils n'ont pas *cru voir*, mais qu'ils
ont *vu*, par l'effet d'un phénomène
qui est particulier aux organisations
rustiques, les objets de leur épouvante. Leurs parents, moins simples
qu'eux, et quelquefois même incré-
dules, étaient sujets aussi à ces visions.

J'ai donc toujours pensé que ces

phénomènes mériteraient d'être ob-
servés de plus près et analysés par
la raison froide avec plus de conscience qu'ils ne l'ont encore été.
Ce serait une étude utile pour
l'intelligence de l'histoire et pour la
connaissance de l'être humain, que
les savants généralisent trop, selon moi. La race humaine a eu
dans son enfance des facultés, ou
si l'on veut des infirmités inhérentes
à son état d'ignorance; mais dire
que la superstition et la peur
créent toujours ces fantômes n'est
pas rigoureusement vrai. J'ai vu des
paysans qui n'étaient ni crédules,
ni peureux, et qui ont été saisis,
au moment où ils s'y attendaient
le moins, par l'hallucination parti-

culière aux *gens de campagne*. On
sait que cette hallucination se re-
produit presque toujours sous la
forme d'animaux fantastiques. J'ai
rassemblé dans quelques articles pu-
bliés par l'*Illustration*, les diverses
croyances de notre vallée noire, et
j'ai raconté les apparitions de *la
grand'bête*.

Je n'y reviendrai pas, mais je
dois avouer ici que j'ai cru longtemps que cette bête existait. Dans
mes explications enfantines, je voulais qu'il y eût quelque espèce d'a-
nimal dont la race presque entière-
ment détruite ne comptait plus
que des individus fort rares, et
particulièrement retirés dans nos

campagnes, où les *pâturaux* [1] leur
offraient une retraite plus sûre

---

[1] Le *pâtural* est un dernier vestige de la vie
pastorale et nomade, et n'existe plus guère que
dans les parties centrales de la France. C'est un
vaste enclos abandonné de temps immémorial au
caprice de la nature. En général, ce sont d'excel-
lentes terres dont le défrichement ou la culture
seraient très-lucratifs; mais le fermier et le mé-
tayer n'entendent point à cela. Ils pensent que
leurs bœufs ne sauraient profiter sans cette espèce
de pâturage, qui pourtant est fort maigre et peu
favorable à la locomotion des animaux. Ce sont
de grands terrains fermés de haies impénétrables
et tout remplis de broussailles, avec une fosse
creusée et plantée dans un coin. On peut étudier
là le terrain primitif; car, très-probablement, jamais ces espaces n'ont été défrichés. Ils sont vierges
de toute culture, et la végétation, quoique abon-
dante, n'y fait aucun progrès; les arbrisseaux y
restent courts; la ronce et l'épine noire y abondent;

qu'ailleurs, car la bête se montre
surtout dans ces endroits-là, la
nuit, à l'heure où on va chercher
les bœufs, entre une et deux heures,
pour les lier. Je supposais que
cette bête était noctambule, am-
phibie peut-être, et qu'elle pouvait
bien se tenir cachée sous les eaux

l'herbe n'y pousse ni belle ni bonne; les animaux
n'y ont donc pas même l'avantage de l'ombre et
de la fraîcheur. C'est, il est vrai, en l'absence de
prairies artificielles, un moyen de tenir les bœufs à
l'air pendant tout l'été, la nuit comme le jour. Les
prairies naturelles se fauchent tard dans la saison,
et ont encore besoin de n'être pas livrées à la
pâture pendant une autre partie de l'été si l'on
veut avoir des regains. Mais pourquoi le paysan de
chez nous préfère-t-il le pâtural à la prairie artificielle? C'est que c'est la coutume de ses pères,
et cette coutume est une affaire de paresse.

pendant le jour; que les savants et
les gens du monde pouvaient ne
pas se douter de son existence, et
que la frayeur empêchait les paysans
de l'observer assez pour en donner
une idée exacte ; enfin je me plai-
sais à cette supposition que l'antique création avait encore quelques ébauches vivantes et errantes
sur la terre, êtres isolés et malheureux, destinés à disparaître
bientôt, incapables peut-être de
supporter la clarté du jour, et si
fatigués de leur misérable condition
qu'ils s'attachaient aux pas de l'homme
comme pour lui demander un re-
fuge et la servitude. Mais l'homme
refusait de les apprivoiser et de
les utiliser. Il en avait peur et il

essayait de les tuer : mais on sait
que la *bête renvoie* le plomb et la
balle. « Preuve, disais-je à Deschartres,
que c'est un animal antédiluvien et
dont la peau ou l'écaille ne sont
pas de la même nature que celles
de toutes les bêtes que nous con-
naissons. Peut-être cette bête vit-
elle plusieurs siècles, peut-être
même n'y en a-t-il plus, qu'une
seule dans l'univers, c'est ce qui
fait qu'on ne trouve pas de dé-
pouilles qu'on puisse étudier et
comparer avec l'individu vivant. »
Enfin je faisais sur cette bête tout
un roman zoologique qui faisait beaucoup rire le savant Deschartres.

Il y a quelque chose de plus

simple, me disait-il, et qui explique
tout. La bête n'existe pas, personne
ne l'a jamais vue, mais tout le
monde y croit par imbécillité, et
c'est le propre de ceux qui subis-
sent l'ascendant du mensonge, de
vouloir aussitôt le faire subir à
leur tour. Quand un paysan est
persuadé que son père a vu la
bête, il faut qu'il persuade à son
fils qu'il l'a vue aussi, et ils se
mentent les uns aux autres de génération en génération.

L'explication de Deschartres ne
valait pas mieux que la mienne;
j'ai eu de la peine à me persuader
que la bête n'existait pas, mais enfin je crois en être bien sûre

XI.   9

maintenant, elle n'existe pas; mais
le paysan n'entretient pas ce mensonge de père en fils pour le
plaisir de transmettre une erreur
et de léguer l'épouvante dont il a
hérité. L'animal primitif que je
rêvais, c'est le paysan. Il n'a pas
la même organisation que l'animal
plus civilisé, plus raisonnable, mais
moins poëte et moins sincère,
qu'une autre éducation et les habitudes d'un autre milieu ont mo-
difié. Le paysan n'a d'autre histoire
que la tradition et la légende. Son
cerveau n'est pas semblable à celui de l'habitant originaire des cités. Il a la faculté de transmettre à
ses sens la perception des objets
de sa croyance, de sa rêverie, ou

de sa méditation. C'est ainsi que
Jeanne d'Arc entendait bien réellement les voix célestes qui lui parlaient. C'est être impie envers l'humanité que de l'accuser d'imposture.
Elle était hallucinée, et pourtant
elle n'était pas folle. Tous ces
paysans qui m'ont raconté leurs
visions, et que je connais depuis
que j'existe, ne sont ni fous, ni
lâches; plusieurs sont des hommes
très-positifs et très-courageux, il
en est même de très-sceptiques à
beaucoup d'égards. Il y a de vieux
soldats qui ont fait les campagnes de l'empire, dont l'intelligence
s'est développée au service, qui savent lire, écrire et compter; tout cela
n'empêche pas qu'ils n'aient vu la

bête et qu'ils ne la voient encore.

J'ai été témoin d'un de ces faits
d'hallucination. Je revenais de Saint-
Chartier, et le curé m'avait donné
une paire de pigeons qu'il mit
dans un panier et dont il chargea
son enfant de chœur, en lui disant de m'accompagner. C'était un
garçon de quatorze à quinze ans,
grand, fort, d'une santé excellente,
d'un esprit très-calme et très-lu-
cide. Le curé lui donnait de l'instruction, et il a été depuis maître
d'école. Il savait dès lors moins de
français peut-être, mais plus de
latin que moi, à coup sûr. C'était
donc un paysan dégrossi et très-
intelligent.

Nous sortions de vêpres, il était
environ trois heures; c'était en plein
été, par le plus beau temps du
monde; nous prîmes les sentiers de
traverse parmi les champs et les
prairies, et nous causions fort tran-
quillement. Je l'interrogeais sur ses
études. Il avait l'esprit parfaitement
libre et dispos; il s'arrêta auprès
d'un buisson pour mettre un brin
d'osier à son sabot qui s'était cassé.
« Allez toujours, me dit-il, je vous
rattraperai bien. » Je continuai
donc à marcher; mais je n'avais
pas fait trente pas que je le vois
accourir, pâle, les cheveux comme
hérissés sur le front. Il avait laissé
sabots, panier et pigeons là où il
s'était arrêté. Il avait vu, au mo-

ment où il était descendu dans le fossé, un homme affreux qui l'avait menacé de son bâton.

Je le crus d'abord, et je me retournai pour voir si cet homme nous suivait ou s'il s'en allait avec nos pigeons; mais je vis distinctement le panier et les sabots de mon compagnon, et pas un être humain sur le sentier ni dans le champ, ni auprès, ni au loin.

J'avais à cette époque dix-sept ou dix-huit ans et je n'étais plus du tout peureuse. « C'est, dis-je à l'enfant, un pauvre vagabond qui meurt de faim et qui a été tenté par nos pigeons. Il se sera caché dans le fossé. Allons voir ce que c'est. — Non, répondit-il, quand on me couperait par morceaux. — Comment, repris-je, un grand et fort garçon comme te voilà a peur d'un homme tout seul? Allons, coupe un bâton, et viens avec moi rechercher nos pigeons. Je ne prétends pas les laisser là. — Non, non, demoiselle, je n'irai pas, s'écria-t-il, car je le verrais encore, et je ne veux plus le voir. Les bâtons et le courage n'y feraient rien, puisque ce n'est pas un *homme humain*. C'est plutôt *fait comme une bête*. »

Je commençais à comprendre, et j'insistai d'autant plus pour le ra-

mener avec moi à son panier et à
ses sabots. Rien ne put l'y faire con-
sentir. J'y allai seule, en lui disant
au moins de me suivre des yeux,
pour bien s'assurer qu'il avait rêvé.
Il me le promit, mais quand je revins avec les sabots et les pigeons,
mon drôle avait pris sa course et
me les laissa fort bien porter jusqu'aux premières maisons du village, où il arriva avant moi. J'essayai de lui faire honte. Ce fut
bien inutile. C'est lui qui se moqua
de mon incrédulité, et qui trouva
que j'étais folle de braver un loup-
garou pour ravoir deux malheureux
pigeons.

Le beau courage que j'eus en

cette rencontre, je ne l'aurais probablement pas eu trois ans plus tôt,
car à l'époque où je passais une
bonne moitié de ma vie avec les
pastours, je confesse que leurs ter-
reurs m'avait gagnée, et que, sans
croire précisément au follet, aux re-
venants et à *Georgeon*, le diable de
la vallée noire, j'avais l'imagination
vivement impressionnée par ces fantômes. Mais je n'étais pas de la
race rustique et je n'eus jamais la
moindre hallucination. J'eus beaucoup de visions d'objets et de figures dans la rêverie, presque jamais
dans la frayeur; et même, dans ce
dernier cas, je ne fus jamais dupe
de moi-même. La tendance sceptique de l'enfant de Paris luttait

encore en moi contre la crédulité
de l'enfant en général.

Ce qui achevait de me troubler
la cervelle, c'étaient les contes de la
veillée lorsque les chanvreurs venaient broyer. Pour éloigner de la
maison le bruit et la poussière de
leur travail, et comme la moitié du
hameau voulait écouter leurs histoires, on les installait à la petite
porte de la cour qui donne sur la
place, tout à côté du cimetière dont
on voyait les croix au clair de la
lune par-dessus un mur très-bas.
Les vieilles femmes relayaient les
narrateurs. J'ai raconté ces scènes
rustiques dans mes romans. Mais je
ne saurais jamais raconter cette foule

d'histoires merveilleuses et saugre-
nues que l'on écoutait avec tant
d'émotion et qui avaient toutes le
caractère de la localité ou des diverses professions de ceux qui les
avaient rapportées. Le sacristain avait
sa poésie à lui, qui jetait du merveilleux sur les choses de son do-
maine, les sépultures, les cloches,
la chouette, le clocher, les rats du
clocher, etc. Tout ce qu'il attribuait
à ces rats de mystérieuses sorcelle-
ries remplirait un volume. Il les
connaissait tous, il leur avait donné
les noms des principaux habitants
morts dans le bourg depuis une qua-
rantaine d'années. A chaque nouveau mort, il voyait surgir un nouveau rat qui s'attachait à ses pas et

le tourmentait par ses grimaces.
Pour apaiser ces mânes étranges,
il leur portait des graines dans le
clocher; mais, en y retournant le
lendemain, il trouvait les plus bizarres caractères tracés par ces rats
suspects avec les graines mêmes qu'il
leur avait offertes. Un jour il trouvait tous les haricots blancs rangés
en cercle avec une croix de haricots
rouges au centre. Le jour suivant,
c'était la combinaison contraire. Une
autre fois, les blancs et les rouges
alternés systématiquement formaient
plusieurs cercles enchaînés, ou des
lettres inconnues, mais si bien des-
sinées, qu'on aurait juré l'ouvrage
d'une *personne humaine*. Il n'est point
d'animaux insignifiants, il n'est point

d'objets inanimés que le paysan ne fasse entrer dans son monde fantastique, et le christianisme du moyen âge, qui est encore le sien, est tout aussi fécond en personnifications mythologiques que les religions antérieures.

J'étais avide de tous ces récits, j'aurais passé la nuit à les entendre, mais ils me faisaient beaucoup de mal; ils m'ôtaient le sommeil. Mon frère, plus âgé que moi de cinq ans, en avait été plus affecté encore, et son exemple me confirma dans la croyance où je suis que les races d'origine rustique ont la faculté de l'hallucination. Il tenait à cette race par sa mère, et

il avait des visions, tandis que,
malgré la fièvre de peur et les
rêves sinistres de mon sommeil,
je n'en avais pas. Vingt ans plus
tard, il m'affirmait sous serment
avoir entendu claquer le fouet du
follet dans les écuries, et le battoir
des lavandières de nuit au bord des
sources. C'est de lui que j'ai parlé
dans les articles intitulés *Visions de
la nuit dans les campagnes*, et ses
récits étaient d'une sincérité complète. Dans les dangers réels, il
était plus que courageux, il était
téméraire. Dans son âge mûr comme
dans son enfance, il a toujours eu
comme une habitude de mépriser
la vie. Du moins il exposait la
sienne à tout propos et pour la

moindre affaire. Mais que vous di-
rai-je? Il tenait au terroir, il était
halluciné, il croyait aux choses sur-
naturelles.

J'ai dit que l'automne et l'hiver
étaient nos saisons les plus gaies;
j'ai toujours aimé passionnément
l'hiver à la campagne, et je n'ai
jamais compris le goût des riches,
qui a fait de Paris le séjour des
fêtes dans la saison de l'année la
plus ennemie des bals, des toilet-
tes et de la dissipation. C'est au coin
du feu que la nature nous convie
en hiver à la vie de famille, et
c'est aussi en pleine campagne que
les rares beaux jours de cette saison
peuvent se faire sentir et goûter.

Dans les grandes villes de nos climats, cette affreuse boue puante et glacée ne sèche presque jamais. Aux champs, un rayon de soleil ou quelques heures de vent rendent l'air sain et la terre propre. Les pauvres prolétaires des cités le savent bien, et ce n'est pas pour leur agrément qu'ils restent dans ce cloaque. La vie factice et absurde de nos riches s'épuise à lutter contre la nature. Les riches anglais l'entendent mieux, ils passent l'hiver dans leurs châteaux.

On s'imagine à Paris que la nature est morte pendant six mois, et pourtant les blés poussent dès l'automne, et le *pâle soleil* des hivers,

on est convenu de l'appeler comme
cela, est le plus vif et le plus bril-
lant de l'année. Quand il dissipe les
brumes, quand il se couche dans la
pourpre étincelante des soirs de
grande gelée, on a peine à soutenir
l'éclat de ses rayons. Même dans nos
contrées froides, et fort mal nom-
mées *tempérées*, la création ne se
dépouille jamais d'un air de vie et
de parure. Les grandes plaines fro-
mentales se couvrent de ces tapis
courts et frais, sur lesquels le soleil, bas à l'horizon, jette de grandes
flammes d'émeraude. Les prés se re-
vêtent de mousses magnifiques, luxe
tout gratuit de l'hiver. Le lierre, ce
pampre inutile, mais somptueux, se
marbre de tons d'écarlate et d'or.

Les jardins mêmes ne sont pas sans
richesse. La primevère, la violette
et la rose de Bengale rient sous la
neige. Certaines autres fleurs, grâce
à un accident de terrain, à une disposition fortuite, survivent à la gelée et vous causent à chaque instant une agréable surprise. Si le
rossignol est absent, combien d'oiseaux de passage, hôtes bruyants et
superbes, viennent s'abattre ou se
reposer sur le faîte des grands arbres ou sur le bord des eaux! Et
qu'y a-t-il de plus beau que la
neige, lorsque le soleil en fait une
nappe de diamants, ou lorsque la
gelée se suspend aux arbres en fantastiques arcades, en indescriptibles
festons de givre et de cristal? Et

quel plaisir n'est-ce pas de se sentir
en famille, auprès d'un bon feu,
dans ces longues soirées de campagne, où l'on s'appartient si bien
les uns aux autres, où le temps
même semble nous appartenir, où
la vie devient toute morale et tout
intellectuelle en se retirant en nous-
mêmes?

L'hiver, ma grand'mère me permettait d'installer ma *société* dans
la grande salle à manger, qu'un
vieux poêle réchauffait au mieux.
Ma société, c'était une vingtaine
d'enfants de la commune qui ap-
portaient là leurs *saulnées*. La saulnée est une ficelle incommensurable,
toute garnie de crins disposés en

10.

nœuds coulants pour prendre les
alouettes et menus oiseaux des
champs en temps de neige. Une
belle saulnée fait le tour d'un
champ. On la roule sur des dévi-
doirs faits exprès et on la tend
avant le lever du jour dans les endroits propices. On balaye la neige
tout le long du sillon, on y jette
du grain, et, deux heures après, on y
trouve les alouettes prises par cen-
taines. Nous allions à cette récolte
avec de grands sacs que l'âne rap-
portait pleins. Comme il y avait
de graves contestations pour les
partages, j'avais établi le régime de
l'association, et l'on s'en trouva
fort bien. Les saulnées ne peuvent
servir plus de deux ou trois jours

sans être regarnies de crins (car il s'en casse beaucoup dans les chaumes), et sans qu'on fasse le *rebouclage*, c'est-à-dire le nœud coulant à chaque crin dénoué. Nous convînmes donc que ce long et minutieux travail se ferait en commun, comme celui de l'installation des saulnées, qui exige aussi un balayage rapide et fatigant. On se partageait, sans compter et sans mesurer, la corde et le crin; le crin était surtout la denrée précieuse, et c'était en commun aussi qu'on en faisait la maraude : cela consistait à aller dans les prés et dans les étables arracher de la queue et de la crinière des chevaux tout ce que ces animaux vou-

laient bien nous en laisser prendre
sans entrer en révolte. Aussi nous
étions devenus bien adroits à ce
métier-là, et nous arrivions à
éclaircir la chevelure des poulains
en liberté, sans nous laisser atteindre par les ruades les plus fantastiques. L'ouvrage se faisait entre
nous tous avec une rapidité sur-
prenante, et nous avons été jusqu'à regarnir deux ou trois cents
brasses dans une soirée. Après la
chasse venait le triage. On mettait
d'un côté les alouettes, de l'autre
les oiseaux de moindre valeur. Nous
prélevions pour notre régal du dimanche un certain choix, et l'un
des enfants allait vendre le reste à
la ville, après quoi je partageais l'ar-

gent entre eux tous. Ils étaient fort
contents de cet arrangement, et il
n'y avait plus de disputes et de mé-
fiance entre eux. Tous les jours notre
association recrutait de nouveaux
adhérents, qui préféraient ce bon
accord à leurs querelles et à leurs
batailles. On ne pensait plus à se
lever avant les autres pour aller
dépouiller la saulnée des camarades, et la journée du dimanche
était une véritable fête. Nous faisions nous-mêmes notre cuisine
de volatiles. Rose était de bonne
humeur ces jours-là, car elle était
gaie et bonne fille quand elle n'é-
tait pas furibonde. La cuisinière
faisait l'esprit fort à l'endroit de
notre cuisine, le père Saint-Jean

seul faisait la grimace et prétendait
que la queue de son cheval blanc
diminuait tous les jours. Nous le sa-
vions bien.

A travers tous ces jeux le roman de Corambé continuait à se
dérouler dans ma tête. C'était un
rêve permanent, aussi décousu, aussi
incohérent que les rêves du sommeil, et dans lequel je ne me
retrouvais que parce qu'un même
sentiment le dominait toujours.

Ce sentiment ce n'était pas l'a-
mour. Je savais par les livres que
l'amour existe dans la vie et qu'il
est le fond et l'âme de tous les

romans et de tous les poëmes.
Mais, ne sentant en moi rien qui
pût m'expliquer pourquoi un être
s'attachait exclusivement à la pour-
suite d'un autre être, dans cet ordre d'affections inconnues, hiéro-
glyphiques pour ainsi dire, je me
préservais avec soin d'entraîner mon
roman sur ce terrain glacé pour
mon imagination. Il me semblait
que si j'y introduisais des *amants*
et des *amantes*, il deviendrait ba-
nal, ennuyeux pour moi, et que je
ferais, des personnages charmants
avec lesquels je passais ma vie, des
êtres de convention comme ceux
que je trouvais souvent dans les
livres, ou, tout au moins, des
étrangers occupés d'un secret au-

quel je ne pouvais m'intéresser,
puisqu'il ne répondait à aucune
émotion que j'eusse éprouvée par
moi-même. En revanche, l'amitié,
l'amour filial ou fraternel, la sym-
pathie, l'attrait le plus pur, ré-
gnaient dans cette sorte de monde
enchanté : mon cœur comme mon
imagination étaient tout entiers dans
cette fantaisie, et quand j'étais mé-
contente de quelque chose ou de
quelqu'un dans la vie réelle, je
pensais à Corambé avec presque
autant de confiance et de consola-
tion qu'à une vérité démontrée.

J'en étais là lorsqu'on m'annonça
que dans trois mois j'aurais à faire
ma première communion.

C'était une situation encore plus embarrassante pour ma bonne maman que pour moi. Elle ne voulait pas me donner une éducation franchement philosophique. Tout ce qui eût pu être taxé d'excentricité lui répugnait; mais, en même temps qu'elle subissait l'empire de la coutume, et qu'au début de la Restauration elle n'eût pu s'y soustraire sans un certain scandale, elle craignait que ma nature enthousiaste ne se laissât prendre à la superstition, dont elle avait décidément horreur. Elle prit donc le parti de me dire qu'il fallait faire cet acte de bienséance très-décemment, mais me bien garder d'outrager la sagesse divine et la raison humaine jusqu'à croire que j'allais *manger mon Créa-teur*.

Ma docilité naturelle fit le reste.
J'appris le catéchisme comme un
perroquet, sans chercher à le comprendre et sans songer à en railler
les mystères, mais bien décidée à
n'en pas croire, à n'en pas retenir
un mot aussitôt que l'*affaire serait
bâclée*, comme on disait chez nous.
La confession me causa une extrême
répugnance. Ma grand'mère, qui savait que le bon curé de Saint-Char-
tier parlait et pensait un peu crû-
ment, me confia à un autre bon
vieux curé, celui de la Châtre, qui
avait plus d'éducation, et qui, je
dois le dire, respecta l'ignorance de

mon âge et ne m'adressa aucune
de ces questions infâmes par lesquelles il arrive souvent au prêtre
de souiller, sciemment ou non, la
pudeur de l'enfance. On ne mit entre mes mains aucun formulaire,
aucun examen de conscience, et on
me dit simplement d'accuser les
fautes dont je me sentais coupable.

Je me trouvai fort embarrassée.
J'en voyais bien quelques-unes, mais
il me semblait que ce n'était pas
assez pour que M. le curé pût s'en
contenter. D'abord j'avais menti une
fois à ma mère pour sauver Rose,
et souvent depuis à Deschartres pour
sauver Hippolyte. Mais je n'étais pas
menteuse, je n'avais aucun besoin

de l'être, et Rose elle-même, me
brutalisant toujours avant de m'in-
terroger, ne faisait pas de ma servitude une nécessité de dissimula-
tion. J'avais été un peu gourmande,
mais il y avait si longtemps que je
m'en souvenais à peine. J'avais toujours vécu au milieu de personnes
si chastes, que je n'avais même pas
l'idée de quelque chose de contraire
à la chasteté. J'avais été irritable et
violente; depuis que je me portais
bien, je n'avais plus sujet de l'être.
De quoi donc pouvais-je m'accuser, à
moins que ce ne fût d'avoir préféré
parfois le jeu à l'étude, d'avoir déchiré mes robes et perdu mes mou-
choirs, griefs que ma bonne quali-
fiait d'*enfance terrible?*

En vérité, je ne sais pas de quoi peut s'accuser un enfant de douze ans, à moins que le malheureux n'ait été déjà souillé par des exemples et des influences hideuses, et dans ce cas-là c'est la confession d'autrui qu'il a à faire.

J'avais si peu de choses à dire, que cela ne valait pas la peine de déranger un curé; le mien s'en contenta, et me donna pour pénitence de réciter l'oraison dominicale en sortant du confessionnal. Cela me parut fort doux; car cette prière est belle, sublime et simple, et je l'adressai à Dieu de tout mon cœur; mais je ne me sentais pas moins humiliée de m'être agenouillée devant un prêtre pour si peu.

Au reste, jamais première communion ne fut si lestement expédiée. J'allais une fois par semaine à la Châtre. Le curé me faisait une petite instruction de cinq minutes; je savais mon catéchisme sur le bout du doigt dès la première semaine. La veille du jour fixé, on m'envoya passer la soirée et la nuit chez une bonne et charmante dame de nos amies. Elle avait deux enfants plus jeunes que moi. Sa fille Laure, belle et remarquable personne à tous égards, a épousé depuis mon ami Fleury, fils de Fleury l'ami de mon père. Il y avait encore d'autres enfants dans la

maison; je m'y amusai énormément,
car on joua à toutes sortes de jeux
sous l'œil des bons parents, qui pri-
rent part à notre innocente gaieté,
et j'allai dormir si fatiguée d'avoir
ri et sauté que je ne me souvenais plus du tout de la solennité
du lendemain.

. Madame Decerfz, cette charmante
et excellente femme qui voulait
bien m'accompagner à l'église dans
mes dévotions, m'a souvent rappelé
depuis combien j'étais folle et
bruyante lorsque je me trouvais
dans sa famille au retour de l'é-
glise. Sa mère, une bien excellente
femme aussi, lui disait alors :
« Mais voilà un enfant bien peu

XL   11

recueilli, et ce n'est pas ainsi que
de mon temps on se préparait aux
sacrements. — Je ne lui vois faire
aucun mal, répondait madame Decerfz : elle est gaie, donc elle a la
conscience bien légère, et le rire
des enfants est une musique pour
le bon Dieu. »

Le lendemain matin, ma grand'-
mère arriva. Elle s'était décidée à
assister à ma première communion,
non sans peine, je crois; car elle
n'avait pas mis le pied dans une
église depuis le mariage de mon
père. Madame Decerfz me dit de lui
demander sa bénédiction et le pardon des déplaisirs que je pouvais lui
avoir causés, ce que je fis de meil-

leur cœur que devant le prêtre. Ma
bonne maman m'embrassa et me
conduisit à l'église.

Aussitôt que j'y fus, je commençai à me demander ce que j'allais
faire; je n'y avais pas encore songé.
Je me sentais si étonnée de voir
ma grand'mère dans une église! Le
curé m'avait dit qu'il fallait croire,
sinon commettre un sacrilége; je n'a-
vais pas le moindre désir d'être sacrilége, pas la plus légère velléité de révolte ou d'impiété, mais je ne croyais
pas. Ma bonne maman m'avait em-
pêchée de croire, et cependant elle
m'avait ordonné de communier. Je
me demandai si elle et moi nous ne
faisions pas un acte d'hypocrisie, et,

11

bien que j'eusse l'air aussi calme
et aussi sérieux que j'avais paru
insouciante et dissipée la veille, je
me sentis fort mal à l'aise, et j'eus
deux ou trois fois la pensée de me
lever et de dire à ma grand'mère :
« En voilà assez; allons-nous-en. »

Mais, tout à coup, il me vint à
l'esprit un commentaire qui me
calma. Je repassai la cène de
Jésus dans mon esprit, et ces paroles : « *Ceci est mon corps et mon
sang* » ne me parurent plus qu'une
métaphore; Jésus était trop saint et
trop grand pour avoir voulu tromper ses disciples. Il les avait con-
viés à un repas fraternel, il les
avait invités à rompre le pain en-

semble en mémoire de lui. Je ne
sentis plus rien de moquable dans
l'institution de la cène, et me
trouvant à la balustrade auprès
d'une vieille pauvresse qui reçut
dévotement l'hostie avant moi, j'eus
la première idée de la signification
de ces agapes de l'égalité dont l'É-
glise avait, selon moi, méconnu ou
falsifié le symbole.

Je revins donc fort tranquille de
la sainte table, et le contentement
d'avoir trouvé une solution à ma
petite anxiété donna, m'a-t-on dit
depuis, une expression nouvelle à
ma figure. Ma grand'mère, attendrie
et effrayée, partagée peut-être entre
la crainte de m'avoir rendue dé-

vote et celle de m'avoir fait mentir
à moi-même, me pressa doucement
contre son cœur quand je revins
auprès d'elle, et laissa tomber des
larmes sur mon voile.

Tout cela fut énigmatique pour
moi; j'attendais qu'elle me donnât,
le soir, une explication sérieuse de
l'acte qu'elle m'avait fait accomplir
et de l'émotion qu'elle avait laissée
paraître. Il n'en fut rien. On me fit
faire une seconde communion huit
jours après, et puis, on ne me re-
parla plus de religion, il n'en fut
pas plus question que si rien ne
s'était passé.

Aux grandes fêtes, on m'en-

voyait encore à la Châtre pour
voir les processions et assister aux
offices. C'était des occasions que je
faisais valoir moi-même, parce que
je passais ces jours-là dans la famille Decerfz, où je m'ébattais avec
les enfants et où j'étais si gâtée que
je mettais tout sens dessus dessous,
cassant tout, les meubles, les pou-
pées et même quelque peu les
enfants, trop débiles pour mes manières de paysanne.

Quand je revenais à la maison
fatiguée de ces ébats, je retombais
dans mes accès de mélancolie. Je
me replongeais dans la lecture, et
ma grand'mère avait bien un peu
de peine à me remettre au travail

réglé. Rien ne ressemble plus à
l'artiste que l'enfant. Il a ses veines
de labeur et de paresse, ses soifs
ardentes de production, ses lassi-
tudes pleines de dégoût. Ma grand'-
mère n'avait jamais eu le caractère
de l'artiste, bien qu'elle en eût certaines facultés; j'ignore si elle avait
eu une enfance. C'était une nature
si calme, si régulière, si unie, qu'elle
ne comprenait pas les engouements
et les défaillances de la mienne.
Elle me donnait si peu de besogne
(et c'était là le mal), qu'elle s'éton-
nait de m'en voir accablée parfois, et
comme, en d'autres jours, j'en faisais
volontairement quatre fois davantage, elle m'accusait de caprice et
de résistance raisonnée. Elle se

trompait, je ne me gouvernais pas
moi-même, voilà tout. Elle me
grondait toujours avec affection,
mais avec une certaine amertume,
et elle avait tort : elle voulait m'o-
bliger à me vaincre, m'habituer à
me régulariser, et en cela elle avait
raison.

Comme par-dessus tout elle me
gâtait, elle me laissa prendre un
genre de dissipation qui me tourna
la tête pendant tout l'été qui suivit
ma première communion. Il vint à
la Châtre une troupe de comédiens
ambulants, une assez bonne troupe,
par parenthèse, qui donnait le mélodrame, la comédie, le vaudeville
et surtout l'opéra-comique. Il y

avait de bonnes voix, assez d'ensemble, un premier chanteur et deux
chanteuses qui ne manquaient pas
de talent. Cette troupe était vraiment trop distinguée pour le misérable local des représentations.
C'était la même salle où mon père
avait joué la comédie avec nos
amis les Duvernet, une ancienne
église de couvent, où l'on voyait
encore les dessins des ogives mal
recouvertes d'un plâtre plus frais
que celui des murailles, le tout
surmonté d'un plafond de solives
brutes posé après coup, et meublé
de mauvais bancs de bois en am-
phithéâtre. N'importe, les dames de
la ville venaient s'y asseoir en
grande toilette, et quand tout cela

était couvert de fleurs et de rubans
on ne voyait plus la nudité et la
malpropreté de la salle. Les amateurs de l'endroit, à la tête desquels
était encore M. Duvernet, compo-
saient un orchestre très-satisfaisant.
On était encore artiste en province
dans ce temps-là. Il n'y avait si
pauvre et si petite localité où l'on
ne trouvât moyen d'organiser un
bon quatuor, et toutes les semaines
on se réunissait, tantôt chez un
amateur, tantôt chez l'autre, pour
faire ce que les Italiens appellent
musica di camera (musique de chambre), honnête et noble délassement
qui a disparu avec les vieux vir-
tuoses, derniers gardiens du feu
sacré dans nos provinces.

J'adorais toujours la musique, bien que ma bonne maman me négligeât sous ce rapport et que M. Gayard m'inspirât de plus en plus le dégoût de l'étudier à sa manière. Il arrivait bien rarement à ma grand'mère de poser ses doigts blancs et paralysés sur le vieux clavecin, et de chevroter ces majestueux fragments des vieux maîtres qu'elle chevrotait mieux que personne ne les eût chantés. J'avais presque oublié que j'étais née musicienne aussi, et que je pouvais sentir et comprendre ce que les autres peuvent exprimer ou produire. La première fois qu'on m'envoya entendre la comédie à la Châtre, nos chanteurs ambulants donnèrent *Aline, reine de Gol-*

conde. J'en revins transportée et sachant presque l'opéra par cœur, chant, paroles, accompagnements, récitatifs. Une autre fois ce fut *Montano et Stéphanie;* puis *le Diable à quatre, Adolphe et Clara, Gulistan, Ma tante Aurore, Jeannot et Colin,* que sais-je? toutes les jolies, faciles, chantantes et gracieuses opérettes de ce temps-là. Je repris fureur à la musique, et je chantais le jour en réalité, la nuit en rêve. La musique avait tout poétisé pour moi dans ces représentations, où madame Duvernet avait l'obligeance de me conduire toutes les semaines. Je ne me souvenais plus d'avoir vu de belles salles de spectacle et des acteurs de premier ordre à Paris.

Il y avait si longtemps de cela, que
la comparaison ne me gênait point.
Je ne m'apercevais pas de la misère des décors, de l'absurdité des
costumes; mon imagination et le
prestige de la musique suppléant à
tout ce qui manquait, je croyais
assister aux plus beaux, aux plus
somptueux, aux plus complets spectacles de l'univers, et ces comédiens
de campagne, chantant et déclamant
dans une grange, m'ont fait autant
de plaisir et de bien que, depuis,
les plus grands artistes de l'Europe
sur les plus nobles scènes du
monde.

Madame Duvernet avait une nièce
nommée Brigitte, aimable, bonne et

spirituelle enfant avec laquelle je
fus bientôt intimement liée. Avec le
plus jeune fils de la maison, Charles
(mon vieux ami d'aujourd'hui),
et deux ou trois autres personnages
de la même gravité (je crois que le
doyen de tous n'avait pas quinze
ans), nous passions dans des jeux
absorbants ces heureuses journées
qui précédaient la comédie. Comme
tout nous était spectacle, même les
fêtes religieuses du matin, nous re-
présentions alternativement la messe
et la comédie, la procession et le
mélodrame. Nous nous affublions
des chiffons de la mère, qu'on mettait au pillage, nous faisions avec
des fleurs, des miroirs, des den-
telles et des rubans, tantôt des dé-

cors de théâtre, tantôt des chapelles,
et nous chantions ensemble à tue-
tête tantôt des chœurs d'opéra-comique, tantôt la messe et les vêpres. Tout cela accompagné des
cloches qui sonnaient à toute volée
presque sur le toit de la maison,
des instruments des amateurs qui
répétaient en bas l'ouverture et les
accompagnements qu'on allait jouer
le soir, et des hurlements des chiens
d'alentour qui avaient mal aux nerfs :
c'était la plus étrange cacophonie et
en même temps la plus joyeuse.
Enfin l'heure du dîner arrivait ; on
dépouillait vite les costumes impro-
visés. Charles ôtait à la hâte le
jupon brodé de sa mère dont il
s'était fait un surplis. Il fallait re-

peigner les longs cheveux noirs de
Brigitte. Je courais cueillir dans le
petit jardin les bouquets de la soirée.
On se mettait à table avec grand
appétit; mais Brigitte et moi nous
ne pouvions pas manger, tant l'impatience et la joie d'aller au spectacle nous serraient l'estomac.

Heureux temps où l'on s'amuse,
où l'on s'éprend, où l'on se passionne à si bon marché, êtes-vous
passés sans retour pour mes amis
et pour tous ceux qui ne sont plus
jeunes? Me voilà assez vieille, et,
pourtant, à beaucoup d'égards, j'ai
eu cette grâce du bon Dieu de rester enfant. Le spectacle m'amuse encore quelquefois comme si j'avais

XI.   12

encore douze ans, et j'avoue que ce
sont les spectacles les plus naïfs,
les mimodrames, les féeries, qui me
divertissent si fort. Il m'arrive encore quelquefois, lorsque j'ai passé
un an loin de Paris, de dîner à la
hâte avec mes enfants et mes amis,
et d'avoir un certain battement de
cœur au lever du rideau. Je laisse
à peine aux autres le temps de
manger, je m'impatiente contre le
fiacre qui va trop lentement, je ne
veux rien perdre, je veux comprendre la pièce quelque stupide
qu'elle soit. Je ne veux pas qu'on
me parle, tant je veux écouter et
regarder. On se moque de moi, et
j'y suis insensible, tant ce monde de
fictions qui pose devant moi trouve

en moi un spectateur naïf et avide. Eh bien, je crois que dans la salle il se trouve bon nombre de gens tout aussi malheureux que je l'ai été, tout aussi amers dans leur appréciation de la vie et dans leur expérience des choses humaines, qui sont, sans oser l'avouer, tout aussi absorbés, tout aussi amusés, tout aussi enfants que moi. Nous sommes une race infortunée, et c'est pour cela que nous avons un impérieux besoin de nous distraire de la vie réelle par les mensonges de l'art; plus il ment, plus il nous amuse.

CHAPITRE DIXIÈME.

Malgré toutes ces distractions et tous ces étourdissements, je nourrissais toujours au fond de mon cœur une sorte de passion malheureuse pour ma mère absente. De notre cher roman, il n'était plus

question le moins du monde, elle
l'avait bien parfaitement oublié; mais
moi j'y pensais toujours. Je protes-
tais toujours, dans le secret de ma
pensée, contre le sort que ma pauvre bonne maman tenait tant à
m'assurer. Instruction, talents et fortune, je persistais à tout mépriser.
J'aspirais à revoir ma mère, à lui
reparler de nos projets, à lui dire
que j'étais résolue à partager son
sort, à être ignorante, laborieuse
et pauvre avec elle. Les jours où
cette résolution me dominait, je
négligeais bien mes leçons, il faut
l'avouer. J'étais grondée, et ma résolution n'en était que plus obsti-
née. Un jour que j'avais été répri-
mandée plus que de coutume, en

sortant de la chambre de ma bonne
maman, je jetai par terre mon livre
et mes cahiers, je pris ma tête dans
mes deux mains, et me croyant
seule, je m'écriai : « Eh bien, oui,
c'est vrai, je n'étudie pas parce que
je ne veux pas. J'ai mes raisons.
On les saura plus tard. »

Julie était derrière moi. « Vous
êtes une mauvaise enfant, me dit-
elle, et ce que vous pensez est pire
que tout ce que vous faites. On
vous pardonnerait d'être dissipée
et paresseuse, mais puisque c'est
par entêtement et par mauvaise
volonté que vous mécontentez votre
bonne maman, vous mériteriez

qu'elle vous renvoyât chez votre
mère.

— Ma mère! m'écriai-je; me ren-
voyer chez ma mère! mais c'est
tout ce que je désire, tout ce que
je demande!

— Allons, vous n'y pensez pas,
reprit Julie; vous parlez comme cela
parce que vous avez de la colère,
vous êtes folle dans ce moment-ci.
Je me garderai bien de répéter ce
qui vient de vous échapper, car
vous seriez bien désolée plus tard
qu'on vous eût prise au mot.

— Julie, lui répondis-je avec

véhémence, je vous entends très-
bien et je vous connais. Je sais
que quand vous promettez de vous
taire, c'est que vous êtes bien
décidée à parler. Je sais que
quand vous m'interrogez avec
douceur et câlinerie, c'est pour
m'arracher ce que je pense et
pour l'envenimer aux yeux de ma
bonne maman. Je sais que dans
ce moment-ci, vous m'excitez à
dessein et que vous profitez de
ma colère et de mon ennui pour
m'en faire dire encore plus. Eh
bien, vous n'avez pas besoin de
vous donner tant de peine. Ce
que j'ai dans le cœur, vous le
saurez et je vous autorise à le
faire savoir. Je ne veux plus rester

ici, je veux retourner avec ma
mère, et je ne veux plus qu'on
me sépare d'elle. C'est elle que
j'aime et que j'aimerai toujours,
quoi qu'on fasse. C'est à elle seule
que je veux obéir. Allez, dépêchez-
vous, faites votre déposition, je
suis prête à la signer.

La pauvre fille faisait-elle réellement auprès de moi le métier d'agent
provocateur? Dans la forme, oui, dans
le fond, non certainement. Elle ne
me voulait que du bien. Elle n'a-
vait pas de méchant plaisir à me
faire gronder, elle s'affligeait avec
ma grand'mère de ce qu'elles appe-
laient mon ingratitude. Comment

eût-elle compris que ce n'était pas
à l'affection que j'étais ingrate, mais
à la fortune que j'étais rebelle? ma
grand'mère elle-même s'y trompait, Julie pouvait bien s'y tromper.
Mais il est certain que cette fille
avait dans le regard, dans la voix,
dans toutes ses manières de procéder,
une sorte de prudence insinuante
qui sentait la ruse et la duplicité,
et cela m'était souverainement anti-
pathique.

Quoi qu'il en soit, c'était la première fois que je la poussais à
bout et que j'irritais son amour-
propre. Elle fut mortifiée, et el
eut vraiment un mouvement de

vengeance, car elle alla sur-le-
champ rapporter ma déclamation
dans les termes les plus noirs. Elle
fit là une mauvaise action, car elle
frappait au cœur cette pauvre
bonne maman qui n'était guère de
force à lutter contre de nouvelles
douleurs maternelles. La moindre
peine ravivait en elle la mémoire
de son fils, et ses éternels regrets,
et sa dévorante jalousie contre la
femme qui lui avait disputé le cœur
de ce fils adoré et qui maintenant
lui disputait le mien. Elle eut, j'en
suis sûre, un chagrin mortel, et si
elle me l'eût laissé voir, je serais
tombée à ses pieds, j'aurais abjuré
toutes mes rébellions; car j'ai toujours été d'une excessive faiblesse

devant les douleurs que j'ai causées,
et mes retours m'ont toujours plus
liée que mes résistances ne m'a-
vaient déliée. Mais on me cacha
bien soigneusement l'émotion de
ma bonne maman, et Julie, irritée
personnellement contre moi, ne vint
pas me dire : « Elle souffre, allez
la consoler. »

On prit un mauvais système, on
résolut de s'armer de rigueur, on
crut m'effrayer en me prenant au
mot, et mademoiselle Julie vint
m'annoncer que j'eusse à me retirer dans ma chambre et à n'en
pas sortir. « Vous ne reverrez plus
votre grand'mère, me dit-elle, puis-

que vous la détestez. Elle vous
abandonne; dans trois jours vous
partirez pour Paris.

— Vous en avez menti, lui répondis-je, menti avec méchan-
ceté, je ne déteste pas ma
grand'mère, je l'aime : mais j'aime
mieux ma mère, et si l'on me
rend à elle, je remercie le bon
Dieu, ma grand'mère et même
vous. »

Là-dessus je lui tournai le dos
et montai résolûment à ma chambre.
J'y trouvai Rose, qui ne savait pas
ce qui venait de se passer et qui
ne me dit rien. Je n'avais ni sali

ni déchiré mes hardes ce jour-là,
le reste la préoccupait fort peu. Je
passai trois grands jours sans voir
ma bonne maman. On me faisait
descendre pour prendre mes repas
quand elle avait fini les siens. On
me disait d'aller prendre l'air au
jardin quand elle était enfermée,
et elle s'enfermait ou on l'enfermait bien littéralement, car lorsque je passais devant la porte de sa
chambre, j'entendais mettre la barre
de fer avec une sorte d'affectation,
comme pour me dire que tout repentir serait inutile.

Les domestiques semblaient con-
sternés, mais j'avais un air si hau-

tain, apparemment, que pas un
n'osa me parler, pas même Rose,
qui devinait peut-être bien qu'on
s'y prenait mal et qu'on excitait
mon amour pour ma mère au lieu
de le refroidir. Deschartres, soit par
système, soit par suite d'une appréciation analogue à celle de Rose,
ne me parlait pas non plus. Il ne
fut pas question de leçons ni d'é-
tudes pendant ce temps d'expiation.

Voulait-on me faire sentir l'ennui
de l'inaction? on aurait dû me priver de livres, mais on ne me priva
de rien, et, voyant la bibliothèque
à ma disposition comme de coutume, je ne sentis pas la moindre

envie de me distraire par la lecture. On ne désire que ce qu'on
ne peut pas avoir.

Je passai donc ces trois jours
dans un tête-à-tête assidu avec Corambé. Je lui racontai mes peines,
et il m'en consola en me donnant
raison. Je souffrais pour l'amour de
ma mère, pour l'amour de l'humi-
lité et de la pauvreté. Je croyais
remplir un grand rôle, accomplir
une mission sainte, et comme
tous les enfants romanesques, je
me drapais un peu dans mon
calme et dans ma persévérance.
On avait voulu m'humilier en m'iso-
solant comme un lépreux dans cette

maison où d'ordinaire tout me riait;
je ne m'en rehaussais que plus dans
ma propre estime. Je faisais de belles
réflexions philosophiques sur l'escla-
vage moral de ces valets qui n'o-
saient plus m'adresser la parole, et
qui, la veille, se fussent mis à mes
pieds parce que j'étais en faveur. Je
comparais ma disgrâce à toutes les
grandes disgrâces historiques que
j'avais lues, et je me comparais
moi-même aux grands citoyens des
républiques ingrates, condamnés à
l'ostracisme pour leurs vertus.

Mais l'orgueil est une sotte compagnie, et je m'en lassai en un
jour. « C'est fort bête, tout cela, me

dis-je, voyons clair sur les autres
et sur moi-même, et concluons. On
ne prépare pas mon départ, on
n'a pas envie de me rendre à ma
mère. On veut m'éprouver, on croit
que je demanderai à rester ici. On
ne sait pas combien je désire vivre
avec elle, et il faut qu'on le voie.
Restons impassible. Que ma claustration dure huit jours, quinze jours,
un mois, peu importe. Quand on se
sera bien assuré que je ne change
pas d'idée, on me fera partir, et alors
je m'expliquerai avec ma bonne
maman; je lui dirai que je l'aime,
et je le lui dirai si bien qu'elle me
pardonnera et me rendra son amitié.
Pourquoi faut-il qu'elle me maudisse
parce que je lui préfère celle qui m'a

mise au monde et que Dieu lui-
même me commande de préférer à
tout? Pourquoi croirait-elle que je
suis ingrate parce que je ne veux
pas être élevée à sa manière et
vivre de sa vie? A quoi lui suis-je
utile ici? Je la vois de moins en
moins. La société de ses femmes
lui semble plus nécessaire ou plus
agréable que la mienne, puisque
c'est avec elles qu'elle passe le plus
de temps. Si elle me garde ici, ce
n'est pas pour elle certainement,
c'est pour moi. Eh bien, ne suis-je
pas un être libre, libre de choisir
la vie et l'avenir qui lui convien-
nent? Allons, il n'y a rien de tragi-
que à ce qui m'arrive. Ma grand'-
mère a voulu, par pure bonté, me

rendre instruite et riche : moi je lui en suis très-reconnaissante, mais je ne peux pas m'habituer à me passer de ma mère. Mon cœur lui sacrifie tous les faux biens joyeusement. Elle m'en saura gré, et Dieu m'en tiendra compte. Personne n'a sujet d'être irrité contre moi, et ma bonne maman le reconnaîtra si je puis parvenir jusqu'à elle et combattre les calomnies qui se sont glissées entre elle et moi. »

Là-dessus j'essayai d'entrer chez elle, mais je trouvai encore la porte barricadée, et j'allai au jardin. J'y rencontrai une vieille femme pauvre à qui l'on avait permis de ra-

masser le bois mort. « Vous n'allez
pas vite, la mère, lui dis-je, pourquoi vos enfants ne vous aident-ils
pas? — Ils sont aux champs, me
dit-elle, et moi, je ne peux plus
me baisser pour ramasser ce qui
est par terre, j'ai les reins trop
vieux. » Je me mis à travailler
pour elle, et comme elle n'osait
toucher au bois mort sur pied,
j'allai chercher une serpe pour
abattre les arbrisseaux desséchés et
faire tomber les branches des arbres à ma portée. J'étais forte
comme une paysanne, je fis bientôt un abatis splendide. Rien ne
passionne comme le travail du
corps quand une idée ou un sentiment vous poussent. La nuit vint

que j'étais encore à l'ouvrage, tail-
lant, fagotant, liant, et faisant à
la vieille une provision pour la
semaine au lieu de sa provision de
la journée qu'elle aurait eu peine
à enlever. J'avais oublié de manger,
et comme personne ne m'avertis-
sait plus de rien, je ne songeais
pas à me retirer. Enfin la faim
me prit, la vieille était partie depuis longtemps. Je chargeai sur
mes épaules un fardeau plus lourd
que moi et je le portai à sa
chaumière, qui était au bout du
hameau. J'étais en nage et en sang,
car la serpe m'avait plus d'une fois
fendu les mains, et les ronces m'a-
vaient fait une grande balafre au
visage.

Mais la soirée d'automne était
superbe et les merles chantaient
dans les buissons. J'ai toujours aimé
particulièrement le chant du merle;
moins éclatant, moins original,
moins varié que celui du rossignol,
il se rapproche davantage de nos
formes musicales, et il a des phrases d'une naïveté rustique qu'on
pourrait presque noter et chanter
en y mêlant fort peu de nos con-
ventions. Ce soir-là, ce chant me
parut la voix même de Corambé
qui me soutenait et m'encourageait.
Je pliais sous mon fardeau; je sentis, tant l'imagination gouverne nos
facultés, décupler ma force, et même
une sorte de fraîcheur soudaine passer dans mes membres brisés. J'arri-

vai à la chaumière de la mère Blin
comme les premières étoiles bril-
laient dans le ciel encore rose.
« Ah! ma pauvre mignonne, me
dit-elle, comme vous voilà fatiguée! vous prendrez du mal! —
Non, lui dis-je, mais j'ai bien tra-
vaillé pour vous, et cela vaut un
morceau de votre pain, car j'ai
grand appétit. » Elle me coupa, dans
son pain noir et moisi, un grand
morceau que je mangeai, assise sur
une pierre à sa porte, tandis
qu'elle couchait ses petits enfants et
disait ses prières. Son chien efflan-
qué (tout paysan, si pauvre qu'il
soit, a un chien, ou plutôt une
ombre de chien qui vit de maraude
et n'en défend pas moins le misé-

rable logis où il n'est pas même
abrité), son chien, après m'avoir
beaucoup grondée, s'apprivoisa à
la vue de mon pain et vint partager ce modeste souper.

Jamais repas ne m'avait semblé si
bon, jamais heure plus douce et
nature plus sereine. J'avais le cœur
libre et léger, le corps dispos
comme on l'a après le travail. Je
mangeais le pain du pauvre après
avoir fait la tâche du pauvre. « Et
ce n'est pas une *bonne action*,
comme on dit dans le vocabulaire
orgueilleux des châteaux, pensais-je,
c'est tout bonnement un premier
acte de la vie de pauvreté que

j'embrasse et que je commence. Me
voici enfin libre : plus de leçons
fastidieuses, plus de confitures écœu-
rantes qu'il faut trouver bonnes
sous peine d'être ingrate, plus
d'heures de convention pour manger, dormir ou s'amuser sans envie
et sans besoin. La fin du jour a
marqué celle de mon travail. La
faim seule m'a sonné l'heure de
mon repas; plus de laquais pour
me tendre mon assiette et me l'enlever à sa fantaisie. A présent voici
les étoiles qui viennent, il fait
bon, il fait frais; je suis lasse et je
me repose, personne n'est là pour
me dire : « Mettez votre châle, ou
rentrez, de crainte de vous enrhu-
mer. » Personne ne pense à moi,

personne ne sait où je suis; si je
veux passer la nuit sur cette pierre,
il ne tient qu'à moi. Mais c'est là le
bonheur suprême, et je ne conçois
pas que cela s'appelle une punition. »

Puis je pensai que bientôt je serais avec ma mère, et je fis mes
adieux tendres, mais joyeux, à la
campagne, aux merles, aux buissons,
aux étoiles, aux grands arbres. J'aimais la campagne, mais je ne savais
pas que je ne pourrais jamais vivre
ailleurs, je croyais qu'avec ma mère
le paradis serait partout. Je me ré-
jouissais de l'idée que je lui serais
utile, que ma force physique la
dispenserait de toute fatigue. « C'est

moi qui porterai son bois, qui ferai
son feu, son lit, me disais-je. Nous
n'aurons point de domestiques, point
d'esclaves tyrans ; nous nous appar-
tiendrons, nous aurons enfin la
liberté du pauvre. »

J'étais dans une situation d'esprit
vraiment délicieuse, mais Rose ne
m'avait pas si bien oubliée que je
le pensais. Elle me cherchait et
s'inquiétait, quand je rentrai à la
maison ; mais, en voyant l'énorme
balafre que j'avais au visage, comme
elle m'avait vue travailler pour la
mère Blin, elle, qui avait un bon
cœur, ne songea point à me gronder. D'ailleurs depuis que j'étais en

pénitence, elle était fort douce et
même triste.

Le lendemain, elle m'éveilla de
bonne heure. « Allons, me dit-elle,
cela ne peut pas durer ainsi. Ta
bonne maman a du chagrin, va
l'embrasser et lui demander pardon.
— Il y a trois jours qu'on aurait
dû me laisser faire ce que tu dis
là, lui répondis-je; mais Julie me
laissera-t-elle entrer? — Oui, oui,
répondit-elle, je m'en charge! « Et
elle me conduisit par les petits couloirs à la chambre de ma bonne
maman. J'y allais de bon cœur,
quoique sans grand repentir, car je
ne me sentais vraiment pas coupa-

ble, et je n'entendais pas du tout,
en lui témoignant de la tendresse,
renoncer à cette séparation que je
regardais comme un fait accompli;
mais dans les bras de ma pauvre
chère aïeule m'attendait la plus
cruelle, la plus poignante et la
moins méritée des punitions.

Jusque-là personne au monde,
et ma grand'mère moins que personne, ne m'avait dit de ma mère
un mal sérieux. Il était bien facile
de voir que Deschartres la haïssait,
que Julie la dénigrait pour faire sa
cour, que ma grand'mère avait de
grands accès d'amertume et de froi-
deur contre elle. Mais ce n'était que

des railleries sèches, des demi-mots
d'un blâme non motivé, des airs de
dédain; et, dans ma partialité
naïve, j'attribuais au manque de
fortune et de naissance le profond
regret que le mariage de mon père
avait laissé dans sa famille. Ma
bonne maman semblait s'être fait
un devoir de respecter en moi le
respect que j'avais pour ma mère.

Durant ces trois jours qui l'a-
vaient tant fait souffrir, elle cher-
cha apparemment le plus prompt
et le plus sûr moyen de me rattacher à elle-même et à ses bienfaits
dont je tenais si peu de compte,
en brisant dans mon jeune cœur la

confiance et l'amour qui me portaient vers une autre. Elle réfléchit,
elle médita, elle s'arrêta au plus
funeste de tous les partis.

Comme je m'étais mise à genoux
contre son lit et que j'avais pris
ses mains pour les baiser, elle me
dit d'un ton vibrant et amer que
je ne lui connaissais pas : « Restez
à genoux et m'écoutez avec atten-
tion, car ce que je vais vous dire,
vous ne l'avez jamais entendu et
jamais plus vous ne l'entendrez de
ma bouche. Ce sont des choses qui
ne se disent qu'une fois dans la
vie, parce qu'elles ne s'oublient pas;
mais, faute de les connaître, quand,

14.

par malheur elles existent, on perd
sa vie, on se perd soi-même. »

Après ce préambule qui me fit
frissonner, elle se mit à me raconter sa propre vie et celle de mon
père, telles que je les ai fait connaître, puis celle de ma mère,
telle qu'elle croyait la savoir, telle
du moins qu'elle la comprenait.
Là, elle fut sans pitié et sans intelligence, j'ose le dire, car il y a,
dans la vie des pauvres, des entraî-
nements, des malheurs et des fata-
lités que les riches ne comprennent
jamais et qu'ils jugent comme les
aveugles des couleurs.

Tout ce qu'elle raconta était

vrai par le fait et appuyé sur des
circonstances dont le détail ne permettait pas le moindre doute. Mais
on eût pu me dévoiler cette terrible histoire sans m'ôter le respect
et l'amour pour ma mère, et l'histoire racontée ainsi eût été beaucoup plus vraisemblable et beaucoup plus vraie. Il n'y avait qu'à
tout dire, les causes de ses malheurs, l'isolement et la misère dès
l'âge de quatorze ans, la corruption
des riches qui sont là pour guetter
la faim et flétrir l'innocence, l'im-
pitoyable rigorisme de l'opinion qui
ne permet point le retour et n'ac-
cepte pas l'expiation[1]. Il fallait me

[1] On me dit que des critiques de parti pris
blâment la sincérité avec laquelle je parle de mes

dire aussi comment ma mère avait
racheté le passé, comment elle avait
aimé fidèlement mon père, comment, depuis sa mort, elle avait
vécu humble, triste et retirée. Ce

parents, et particulièrement de ma mère. Cela
est tout simple et je m'y attendais. Il y a toujours
certains lecteurs qui ne comprennent pas ce qu'ils
lisent : ce sont ceux qui ne veulent pas ou qui ne
peuvent pas comprendre la véritable morale des
choses humaines. Comme je n'écris pas pour ceux-
là, c'est en vain que je leur répondrais ; leur point
de vue est l'opposé du mien ; mais je prie ceux
qui ne haïssent pas systématiquement mon œuvre,
de relire cette page et de réfléchir. Si parmi eux
il en est quelques-uns qui aient souffert des mêmes
douleurs que moi, pour les mêmes causes, je crois
que j'aurai calmé l'angoisse de leurs doutes intérieurs, et fermé leur blessure, par une appréciation plus élevée que celle des champions de la
fausse morale.

dernier point, je le savais bien,
du moins je croyais le savoir;
mais on me faisait entendre que
si l'on me disait tout le passé, on
m'épargnait le présent, et qu'il y
avait, dans la vie actuelle de ma
mère, quelque secret nouveau qu'on
ne voulait pas me dire et qui devait me faire trembler pour mon
propre avenir si je m'obstinais à
vivre avec elle. Enfin,. ma pauvre
bonne maman, épuisée par ce long
récit, hors d'elle-même, la voix
étouffée, les yeux humides et irrités,
lâcha le grand mot, l'affreux mot :
ma mère était une femme perdue,
et moi un enfant aveugle qui
voulait s'élancer dans un abîme.

Ce fut pour moi comme un
cauchemar; j'avais la gorge serrée;
chaque parole me faisait mourir,
je sentais la sueur me couler du
front, je voulais interrompre, je
voulais me lever, m'en aller, re-
pousser avec horreur cette effroyable
confidence; je ne pouvais pas, j'é-
tais clouée sur mes genoux, la tête
brisée et courbée par cette voix
qui planait sur moi et me des-
séchait comme un vent d'orage.
Mes mains glacées ne tenaient plus
les mains brûlantes de ma grand'-
mère, je crois que machinalement
je les avais repoussées de mes lèvres avec terreur.

Enfin je me levai sans dire un

mot, sans implorer une caresse,
sans me soucier d'être pardonnée;
je remontai à ma chambre. Je trouvai Rose sur l'escalier. « Eh bien,
me dit-elle, est-ce fini, tout cela?
— Oui, c'est bien fini, fini pour
toujours, » lui dis-je, et, me rap-
pelant que cette fille ne m'avait jamais dit que du bien de ma mère,
sûre qu'elle connaissait tout ce
qu'on venait de m'apprendre et
qu'elle n'en était pas moins atta-
chée à sa première maîtresse : quoiqu'elle fût horrible, elle me parut
belle, quoiqu'elle fût mon tyran et
presque mon bourreau, elle me
sembla être ma meilleure, ma seule
amie; je l'embrassai avec effusion,
et courant me cacher, je me roulai

par terre en proie à des convul-
sions de désespoir.

Les larmes qui firent irruption ne
me soulagèrent pas. J'ai toujours entendu dire que les pleurs allégent
le chagrin, j'ai toujours éprouvé le
contraire, je ne sais pas pleurer. Dès
que les larmes me viennent aux
yeux, les sanglots me prennent à
la gorge, j'étouffe, ma respiration
s'exhale en cris ou en gémissements;
et comme j'ai horreur du bruit de
la douleur, comme je me retiens
de crier, il m'est souvent arrivé
de tomber comme morte, et c'est
probablement comme cela que je
mourrai quelque jour si je me
trouve, seule, surprise par un mal-

heur nouveau. Cela ne m'inquiète
guère, il faut toujours mourir de
quelque chose, et chacun porte en
soi le coup qui doit l'achever. Probablement la pire des morts, la
plus triste et la moins désirable,
est celle que choisissent les poltrons,
mourir de vieillesse, c'est-à-dire après
tout ce qu'on aimé, après tout
ce à quoi on a cru sur la terre.

A cette époque, je n'avais pas le
stoïcisme de refouler mes sanglots,
et Rose, m'entendant râler, vint à
mon secours. Quand j'eus repris un
peu d'empire sur moi-même, je ne
voulus pas faire la malade, je
descendis au premier appel du déjeuner, je me forçai pour manger.

On me donna mes cahiers, je fis
semblant de travailler, mais j'avais
les paupières à vif, tant mes larmes avaient été âcres et brûlantes;
j'avais une migraine affreuse, je
ne pensais plus, je ne vivais pas,
j'étais indifférente à toutes choses.
Je ne savais plus si j'aimais ou si
je haïssais quelqu'un, je ne sentais
plus d'enthousiasme pour personne,
plus de ressentiment contre qui que
ce soit; j'avais comme une énorme
brûlure intérieure et comme un
vide cuisant à la place du cœur.
Je ne me rendais compte que d'une
sorte de mépris pour l'univers en-
tier et d'un amer dédain pour la
vie, quelle qu'elle pût être pour
moi désormais; je ne m'aimais plus

moi-même. Si ma mère était mé-
prisable et haïssable, moi, le fruit
de ses entrailles, je l'étais aussi.
Je ne sais à quoi a tenu que je ne
devinsse pas perverse par misan-
thropie, à partir de ce moment-là.
On m'avait fait un mal affreux qui
pouvait être irréparable ; on avait
tenté de tarir en moi les sources
de la vie morale, la foi, l'amour et
l'espérance.

Heureusement pour moi, le bon
Dieu m'avait faite pour aimer et
pour oublier. On m'a souvent re-
proché d'être oublieuse du mal ;
puisque je devais tant en subir,
c'est une grâce d'état.

Au bout de quelques jours d'une

indicible souffrance et d'une fatigue
suprême, je sentis avec étonnement
que j'aimais encore plus ma mère,
et que je n'aimais pas moins ma
grand'mère qu'auparavant. On m'a-
vait vue si triste, Rose avait raconté de moi une telle scène de
douleur, qu'on crut à un grand
repentir. Ma bonne maman comprit
bien qu'elle m'avait fait beaucoup
de mal, mais elle s'imagina que
c'était un mal salutaire et que
mon parti était pris. Il ne fut
pas question d'explication nouvelle,
on ne m'interrogea pas, c'eût été
bien inutile. J'avais pour toujours
un sceau sur les lèvres. La vie re-
commença à couler comme un
ruisseau tranquille, mais le ruisseau

était troublé pour moi, et je n'y
regardais plus.

En effet, je ne faisais plus aucun projet, je ne sentais plus venir
les doux rêves. Plus de roman,
plus de contemplations. Corambé
était muet. Je vivais comme une
machine. Le mal était plus profond
qu'on ne pensait. Aimante, j'aimais
encore les autres. Enfant, je m'amusais encore de la vie; mais, je l'ai
dit, je ne m'aimais plus, je ne me
souciais plus du tout de moi-même.
J'avais résisté systématiquement à
l'avantage de l'instruction, j'avais dédaigné d'orner et de rehausser mon
être intellectuel, croyant que mon
être moral y gagnerait. Mais mon

idéal était voilé, et je ne comprenais
plus l'avenir que je m'étais pendant si
longtemps créé et arrangé selon ma
fantaisie. J'entrevoyais désormais, dans
cet avenir, des luttes contre l'opinion auxquelles je n'avais jamais
songé, et je ne sais quelle énigme
douloureuse dont on n'avait pas
voulu me dire le mot. On m'avait
parlé de dangers affreux, on s'était
imaginé que je les devinerais, et
moi, simple, et d'organisation tranquille, je ne devinais rien du tout.
En outre, autant j'ai l'esprit ac-
tif pour ce qui sourit à mes instincts, autant je l'ai paresseux pour
ce qui leur est hostile, et je ne
cherchais pas le mot du sphinx;
mais il y avait quelque chose de

terrible devant moi si je persistais
à quitter l'aile de ma grand'mère,
et ce quelque chose, sans me faire
peur, ôtait à mes châteaux en Es-
pagne le charme de la confiance
absolue.

« Ce sera pire que la misère,
m'avait-on dit, ce sera la honte! »
« La honte de quoi? me disais-je.
Rougirai-je d'être la fille de ma
mère? Oh! si ce n'était que cela!
on sait bien que je n'aurai pas cette
lâche honte. » Je supposais alors,
sans rien incriminer, quelque lien
mystérieux entre ma mère et quelqu'un qui me ferait sentir une do-
mination injuste et illégitime. Et
puis je m'abstenais volontairement

XI.   15

d'y songer. « Nous verrons bien, me disais-je. On veut que je cherche, je ne chercherai pas. »

Il m'a toujours fallu, pour vivre, une résolution arrêtée de vivre pour quelqu'un ou pour quelque chose, pour des personnes ou pour des idées. Ce besoin m'était venu naturellement dès l'enfance, par la force des circonstances, par l'affection contrariée. Il restait en moi quoique mon but fût obscurci et mon élan incertain. On voulait me forcer à me rattacher à l'autre but que l'on m'avait montré, et dont je m'étais obstinément détournée. Je me demandai si cela était possible. Je sentis que non. La fortune et l'instruction, les belles manières, le bel esprit, ce qu'on appelait *le monde* m'apparut sous des formes sensibles, telles que je pouvais les concevoir. « Cela se réduit, pensai-je, à devenir une belle demoiselle bien pimpante, bien guindée, bien érudite, tapant sur un piano devant des personnes qui approuvent sans écouter ou sans comprendre, ne se souciant de personne, aimant à briller, aspirant à un riche mariage, vendant sa liberté et sa personnalité pour une voiture, un écusson, des chiffons et quelques écus. Cela ne me va point et ne m'ira jamais. Si je dois hériter forcément de ce castel, de ces gerbes de blé que compte et recompte Deschartres, de cette

15.

bibliothèque où tout ne m'amuse
pas, et de cette cave où rien ne
me tente, ne voilà-t-il pas un grand
bonheur et de belles richesses! J'ai
souvent rêvé de lointains voyages.
Les voyages m'auraient tentée si je
n'avais eu le projet de vivre pour
ma mère. Eh bien, voilà! Si ma
mère ne veut pas de moi, quelque
jour je partirai, j'irai au bout du
monde. Je verrai l'Etna et le mont
Gibel; j'irai en Amérique, j'irai
dans l'Inde. On dit que c'est loin,
que c'est difficile, tant mieux! On
dit qu'on y meurt, qu'importe? En
attendant, vivons au jour le jour,
vivons au hasard, puisque rien de
ce que je connais ne me tente ou ne
me rassure; laissons venir l'inconnu. »

Là-dessus, j'essayai de vivre sans
songer à rien, sans rien craindre
et sans rien désirer. Cela me fut
d'abord bien difficile, j'avais pris
une telle habitude de rêver et d'aspirer à un bien futur, que, malgré
moi, je me reprenais à y songer.
Mais la tristesse devenait alors si
noire, et le souvenir de la scène
qu'on m'avait faite si étouffant, que
j'avais besoin d'échapper à moi-
même, et que je courais aux champs
m'étourdir avec les gamins et les
gamines qui m'aimaient et m'arrachaient à ma solitude.

Quelques mois se passèrent alors
qui ne me profitèrent à rien et
dont je me souviens confusément,

parce qu'ils furent vides. Je m'y
comportai fort mal, ne travaillant
que juste ce qu'il fallait pour n'être
pas grondée, me dépêchant, pour
ainsi dire, d'oublier vite ce que je
venais d'apprendre, ne méditant plus
sur mon travail comme j'avais fait
jusqu'alors par un besoin de logique
et de poésie qui avait eu son charme
secret; courant plus que jamais les
chemins, les buissons et les pacages
avec mes bruyants acolytes; mettant
la maison sens dessus dessous par
des jeux échevelés; prenant une habitude de gaieté folle, quelquefois
forcée, quand ma douleur intérieure
menaçait de se réveiller, enfin tour-
nant tout de bon à l'enfant terrible,
comme le disait ma bonne, qui com-

mençait à avoir raison, et qui pourtant ne me battait plus, voyant à ma taille que je serais de force à le lui rendre, et à mon air que je n'étais plus d'humeur à le souffrir.

Voyant tout cela aussi, ma grand'mère me dit : « Ma fille, vous n'avez plus le sens commun. Vous aviez de l'esprit, et vous faites tout votre possible pour devenir ou pour paraître bête. Vous pourriez être agréable, et vous vous faites laide à plaisir. Votre teint est noirci, vos mains gercées, vos pieds vont se déformer dans les sabots. Votre cerveau se déforme et se dégingande comme votre personne. Tantôt vous répondez à peine et vous avez l'air d'un esprit fort qui dédaigne tout. Tantôt vous parlez à tort et à travers comme une pie qui babille pour babiller. Vous avez été une charmante petite fille, il ne faut pas devenir une jeune personne absurde. Vous n'avez point de tenue, point de grâce, point d'à-propos. Vous avez un bon cœur et une tête pitoyable. Il faut changer tout cela. Vous avez d'ailleurs besoin de *maîtres d'agrément*, et je ne puis vous en procurer ici. J'ai donc résolu de vous mettre au couvent, et nous allons à Paris à cet effet.

— Et je vais voir ma mère? m'écriai-je.

— Oui certes, vous la verrez, répondit froidement ma bonne maman; après quoi vous vous séparerez d'elle et de moi le temps nécessaire pour achever votre éducation.

— Soit, pensai-je; le couvent, je ne sais ce que c'est, mais ce sera nouveau; et comme, après tout, je ne m'amuse pas du tout de la vie que je mène, je pourrai gagner au change. »

Ainsi fut fait. Je revis ma mère avec mes transports accoutumés. J'avais un dernier espoir : c'est qu'elle trouverait ce couvent inutile et ridicule, et qu'elle me repren-

drait avec elle en voyant que j'a-
vais persisté dans ma résolution.
Mais, tout au contraire, elle me
prêcha l'avantage des richesses et
des talents. Elle le fit d'une manière qui m'étonna et me blessa,
car je n'y trouvai pas sa franchise
et son courage ordinaires. Elle raillait le couvent, elle critiquait fort
à propos ma grand'mère, qui, dé-
testant et méprisant la dévotion,
me confiait à des religieuses; mais
tout en la blâmant, ma mère fit
comme ma grand'mère. Elle me
dit que le couvent me serait utile
et qu'il y fallait entrer. Je n'ai jamais eu de volonté pour moi-même,
j'entrai au couvent sans crainte,
sans regret et sans répugnance. Je

ne me rendis pas compte des
suites. Je ne savais pas que j'en-
trais peut-être véritablement dans
le monde en franchissant le seuil
du cloître, que je pouvais y con-
tracter des relations, des habitudes
d'esprit, même des idées qui m'in-
corporeraient, pour ainsi dire, dans
la classe avec laquelle j'avais voulu
rompre. Je crus voir, au contraire,
dans ce couvent, un terrain neutre,
et dans ces années que je devais y
passer, une sorte de halte au milieu de la lutte que je subissais.

J'avais retrouvé à Paris Pauline
de Pontcarré et sa mère. Pauline
était plus jolie que jamais; son
caractère était resté enjoué, facile,

aimable; son cœur n'avait pas
changé non plus. Il était parfaitement froid, ce qui ne m'empêcha
pas d'aimer et d'admirer comme
par le passé cette belle indifférente.

Ma grand'mère avait questionné
madame de Pontcarré sur le couvent des Anglaises, ce même couvent où elle avait été prisonnière
pendant la révolution. Une nièce
de madame de Pontcarré y avait
été élevée et venait d'en sortir. Ma
bonne maman, qui avait gardé de
ce couvent et des religieuses qu'elle
y avait connues un certain souvenir, fut charmée d'apprendre que
mademoiselle Debrosses y avait été
fort bien soignée, élevée avec dis-

tinction, que l'on faisait là de
bonnes études, que les maîtres
d'agrément étaient renommés, enfin
que le couvent des Anglaises méri-
tait la vogue dont il jouissait dans
le beau monde, en concurrence
avec le Sacré-Cœur et l'Abbaye-aux-
Bois. Madame de Pontcarré avait
le projet d'y mettre sa fille, ce
qu'elle fit, en effet, l'année suivante.
Ma grand'mère se décida donc pour
les Anglaises, et, un jour d'hiver, on
me fit endosser l'uniforme de ser-
gette amarante, on arrangea mon
trousseau dans une malle, un fiacre
nous conduisit rue des Fossés-Saint-
Victor, et après que nous eûmes
attendu quelques instants dans le
parloir, on ouvrit une porte de

communication qui se referma derrière nous. J'étais cloîtrée.

Ce couvent est une des trois ou
quatre communautés britanniques
qui s'établirent à Paris pendant la
puissance de Cromwell. Après avoir
été persécuteurs, les catholiques
anglais, cruellement persécutés,
s'assemblèrent dans l'exil pour prier
et demander spécialement à Dieu
la conversion des protestants. Les
communautés religieuses restèrent
en France, mais les rois catholiques
reprirent le sceptre en Angleterre
et se vengèrent peu chrétienne-
ment.

La communauté des Augustines

anglaises est la seule qui ait sub-
sisté à Paris et dont la maison ait
traversé les révolutions sans trop
d'orage. La tradition du couvent
disait que la reine d'Angleterre,
Henriette de France, fille de notre
Henri IV et femme du malheureux
Charles I", était venue souvent avec
son fils Jacques II prier dans
notre chapelle et guérir les scro-
fules des pauvres qui se pressaient
sur leurs pas. Un mur mitoyen
sépare ce couvent du collége des
Écossais. Le séminaire des Irlandais
est à quatre portes plus loin. Toutes
nos religieuses étaient Anglaises,
Écossaises ou Irlandaises. Les deux
tiers des pensionnaires et des locataires, ainsi qu'une partie des prê-

tres qui venaient officier, apparte-
naient aussi à ces nations. Il y avait
des heures de la journée où il
était enjoint à toute la classe de ne
pas dire un mot de français, ce
qui était la meilleure étude possible pour apprendre vite la langue anglaise. Nos religieuses, comme
de raison, ne nous en parlaient
presque jamais d'autre. Elles avaient
les habitudes de leur climat, prenant le thé trois fois par jour, et
admettant celles de nous qui étaient
bien sages à le prendre avec elles.

Le cloître et l'église étaient pa-
vés de longues dalles funéraires
sous lesquelles reposaient les ossements vénérés des catholiques de la

vieille Angleterre morts dans l'exil et ensevelis par faveur dans ce sanctuaire inviolable. Partout, sur les tombes et sur les murailles, des épitaphes et des sentences religieuses en anglais. Dans la chambre de la supérieure et dans son parloir particulier, de grands vieux portraits de princes ou de prélats anglais. La belle et galante Marie Stuart, réputée sainte par nos chastes nonnes, brillait là comme une étoile. Enfin, tout était anglais dans cette maison, le passé et le présent, et quand on avait franchi la grille, il semblait qu'on eût traversé la Manche.

Ce fut pour moi, paysanne du

Berry, un étonnement, un étourdis-
sement à n'en pas revenir de huit
jours. Nous fûmes d'abord reçues
par la supérieure, madame Canning,
une très-grosse femme entre cinquante et soixante ans, belle encore
dans sa pesanteur physique qui
contrastait avec un esprit fort dé-
lié. Elle se piquait avec raison
d'être femme du monde; elle avait
de grandes manières, la conversation
facile malgré son rude accent, plus
de moquerie et d'entêtement dans
l'œil que de recueillement et de
sainteté. Elle a toujours passé pour
bonne, et comme sa science du
monde faisait prospérer le couvent,
comme elle savait habilement par-
donner, en vertu de son droit de

grâce qui lui réservait, en dernier
ressort, l'utile et commode fonction
de réconcilier tout le monde, elle
était aimée et respectée des religieuses et des pensionnaires. Mais,
dès l'abord, son regard ne me
plut pas, et j'ai eu lieu de croire
depuis qu'elle était dure et rusée.
Elle est morte en odeur de sainteté, mais je crois ne pas me
tromper en pensant qu'elle devait surtout à son habit et à son
grand air la vénération dont elle
était l'objet.

Ma grand'mère, en me présentant,
ne put se défendre du petit orgueil
de dire que j'étais fort instruite pour
mon âge, et qu'on me ferait per-

16.

dre mon temps si on me mettait
en classe avec les enfants. On était
divisé en deux sections, la petite
classe et la grande classe. Par mon
âge, j'appartenais réellement à la
petite classe, qui contenait une
trentaine de pensionnaires de six à
treize ou quatorze ans. Par les lectures qu'on m'avait fait faire et
par les idées qu'elles avaient déve-
loppées en moi, j'appartenais à une
troisième classe qu'il aurait peut-
être fallu créer pour moi et pour
deux ou trois autres : mais je n'a-
vais pas été habituée à travailler
avec méthode, je ne savais pas un
mot d'anglais. Je comprenais beaucoup d'histoire et même de philosophie ; mais j'étais fort ignorante,

ou tout au moins fort incertaine
sur l'ordre des temps et des événements. J'aurais pu causer de tout
avec les professeurs et peut-être
même voir un peu plus clair et
plus avant que ceux qui nous diri-
geaient; mais le premier cuistre
venu m'aurait fort embarrassée sur
des points de fait, et je n'aurais pu
soutenir un examen en règle sur
quoi que ce fût.

Je le sentais bien, et je fus très-
soulagée d'entendre la supérieure
déclarer que, n'ayant pas encore
reçu le sacrement de confirmation,
je devais forcément entrer à la
petite classe.

C'était l'heure de la récréation;
la supérieure fit appeler une des
plus sages de la petite classe, me
confia et me recommanda à elle,
et m'envoya au jardin. Je me mis
tout de suite à aller et venir, à
regarder toutes choses et toutes
figures, à fureter dans tous les
coins du jardin comme un oiseau
qui cherche où il mettra son nid.
Je ne me sentais pas intimidée le
moins du monde, quoiqu'on me re-
gardât beaucoup. Je voyais bien
qu'on avait de plus belles manières
que moi; je voyais passer et repasser les *grandes*, qui ne jouaient pas
et babillaient en se tenant par le
bras. Mon introductrice m'en nomma
plusieurs; c'étaient de grands noms

très-aristocratiques, qui ne firent pas d'effet sur moi, comme l'on peut croire. Je m'informai du nom des allées, des chapelles et des berceaux qui ornaient le jardin. Je me réjouis en apprenant qu'il était permis de prendre un petit coin dans les massifs et de le cultiver à sa guise. Cet amusement n'étant recherché que des toutes petites, il me sembla que la terre et le travail ne me manqueraient pas.

On commença une partie de barres et on me mit dans un camp. Je ne connaissais pas les règles du jeu, mais je savais bien courir. Ma grand'mère vint se promener avec la supérieure et l'économe, et elle

parut prendre plaisir à me voir
déjà si dégourdie et si à l'aise.
Puis elle se disposa à partir et
m'emmena dans le cloître pour me
dire adieu. Le moment lui paraissait solennel, et l'excellente femme
fondit en larmes en m'embrassant.
Je fus un peu émue, mais je pensai qu'il était de mon devoir de
faire contre fortune bon cœur, et
je ne pleurai pas. Alors, ma
grand'mère me regardant en face,
me repoussa en s'écriant : « Ah! insensible cœur, vous me quittez sans
aucun regret, je le vois bien! »
Et elle sortit, la figure cachée dans
ses mains.

Je restai stupéfaite. Il me sem-

blait que j'avais bien agi en ne lui
montrant aucune faiblesse, et selon
moi, mon courage ou ma résigna-
tion eussent dû lui être agréables.
Je me retournai et vis près de moi
l'économe; c'était la mère Alippe,
une petite vieille toute ronde et
toute bonne, un excellent cœur de
femme. « Eh bien, me dit–elle
avec son accent anglais, qu'y a-t-il?
avez-vous dit à votre grand'mère
quelque chose qui l'ait fâchée?
— Je n'ai rien dit du tout, répondis-je, et j'ai cru ne devoir rien
dire. — Voyons, dit-elle en me prenant par la main, avez-vous du
chagrin d'être ici? » Comme elle
avait cet accent de franchise qui
ne trompe pas, je lui répondis sans

hésiter : « Oui, madame, malgré
moi, je me sens triste et seule au
milieu de gens que je ne connais
pas. Je sens qu'ici personne ne peut
encore m'aimer, et que je ne suis
plus avec mes parents, qui m'aiment
beaucoup. C'est pour cela que je
n'ai pas voulu pleurer devant ma
grand'mère, puisque sa volonté est
que je reste où elle me met. Est-
ce que j'ai eu tort? — Non, mon
enfant, répondit la mère Alippe,
votre grand'mère n'a peut-être pas
compris. Allez jouer, soyez bonne,
et l'on vous aimera ici autant que
chez vos parents. Seulement, quand
vous reverrez votre bonne maman,
n'oubliez pas de lui dire que, si
vous n'avez pas montré de chagrin

en la quittant, c'était pour ne pas
augmenter le sien. »

Je retournai au jeu, mais j'avais le
cœur gros. Il me semblait et il me
semble encore que le mouvement de
ma pauvre grand'mère avait été fort
injuste. C'était sa faute si je regardais ce couvent comme une pénitence qu'elle m'imposait, car elle
n'avait pas manqué, dans ses mo-
ments de gronderie, de me dire
que quand j'y serais je regretterais
bien Nohant et les petites douceurs
de la maison paternelle. Il semblait
qu'elle fût blessée de me voir en-
durer la punition sans révolte ou
sans crainte. « Si c'est pour mon
bonheur que je suis ici, pensai-je,

je serais ingrate d'y être à contre-
cœur. Si c'est pour mon châtiment,
eh bien, me voilà châtiée, j'y suis;
que veut-on de plus? que je souffre d'y être? c'est comme si l'on
me battait plus fort parce que je
refuse de crier au premier coup. »

Ma grand'mère alla dîner ce
jour-là chez mon grand-oncle de
Beaumont, et elle lui raconta en
pleurant comme quoi je n'avais pas
pleuré. « Eh bien donc, tant
mieux! fit-il avec son enjouement
philosophique. C'est bien assez triste
d'être au couvent, voulez-vous pas
qu'elle le comprenne? Qu'a-t-elle
donc fait de mal pour que vous

lui imposiez la réclusion et les
larmes par-dessus le marché? Bonne
sœur, je vous l'ai déjà dit, la
tendresse maternelle est souvent
fort égoïste, et nous eussions été
bien malheureux si notre mère eût
aimé ses enfants comme vous ai-
mez les vôtres. »

Ma grand'mère fut assez irritée
de ce sermon. Elle se retira de
bonne heure, et ne vint me voir
qu'au bout de huit jours, quoiqu'elle
m'eût promis de revenir le surlen-
demain de mon entrée au couvent.
Ma mère, qui vint plus tôt, me
raconta ce qui s'était passé, me
donnant raison, suivant sa coutume.

Ma petite amertume intérieure en augmenta. « Ma bonne maman a tort, pensai-je; mais ma mère a tort aussi de me le faire tant sentir; moi, j'ai eu tort par le fait, bien que j'aie cru avoir raison. J'ai voulu ne montrer aucun dépit, on a cru que je voulais montrer de l'orgueil. Ma bonne maman me blâme pour cela, pour cela ma mère m'approuve; ni l'une ni l'autre ne m'a comprise, et je vois bien que cette aversion qu'elles ont l'une pour l'autre me rendra injuste aussi, et très-malheureuse, à coup sûr, si je me livre aveuglément à l'une ou à l'autre. »

Là-dessus, je me réjouis d'être

au couvent; j'éprouvais un impérieux besoin de me reposer de
tous ces déchirements intérieurs;
j'étais lasse d'être comme une
pomme de discorde entre deux
êtres que je chérissais. J'aurais presque voulu qu'on m'oubliât.

C'est ainsi que j'acceptai le couvent, et je l'acceptai si bien que
j'arrivai à m'y trouver plus heu-
reuse que je ne l'avais été de ma
vie. Je crois que j'ai été la seule
satisfaite parmi tous les enfants que
j'y ai connus. Tous regrettaient
leur famille, non pas seulement par
tendresse pour les parents, mais
aussi par regret de la liberté et
du bien-être. Quoique je fusse des

moins riches et que je n'eusse jamais connu le grand luxe, et quoique
nous fussions passablement traitées
au couvent, il y avait certes une
grande différence sous le rapport
de la vie matérielle entre Nohant
et le cloître. En outre, la claustration, l'air de Paris, la conti-
nuité absolue d'un même régime,
que je regarde comme funeste aux
développements successifs ou aux
modifications continuelles de l'organisation humaine, me rendirent
bientôt malade et languissante. En
dépit de tout cela, je passai là
trois ans sans regretter le passé,
sans aspirer à l'avenir, et me ren-
dant compte de mon bonheur dans
le présent; situation que compren-

dront tous ceux qui ont souffert
et qui savent que la seule félicité
humaine pour eux c'est l'absence
de maux excessifs; situation exceptionnelle pourtant pour les enfants
des riches et que mes compagnes
ne comprenaient pas, quand je leur
disais que je ne désirais pas la
fin de ma captivité.

Nous étions cloîtrées dans toute
l'acception du mot. Nous ne sortions que deux fois par mois et
nous ne découchions qu'au jour de
l'an. On avait des vacances, mais
je n'en eus point, ma grand'mère
disant qu'elle aimait mieux ne pas
interrompre mes études, afin de
pouvoir me laisser moins longtemps

au couvent. Elle quitta Paris peu
de semaines après notre séparation,
et ne revint qu'au bout d'un an,
après quoi elle repartit pour un an
encore. Elle avait exigé de ma
mère qu'elle ne demandât pas à me
faire sortir. Mes cousins Villeneuve
m'offrirent de me prendre chez eux
les jours de sortie et écrivirent à
ma bonne maman pour le lui demander. J'écrivis, de mon côté,
pour la prier de ne pas le per-
mettre, et j'eus le courage de lui
dire que, ne sortant pas avec ma
mère, je ne voulais et ne devais sortir avec personne. Je trem-
blais qu'elle ne m'écoutât pas, et,
quoique je sentisse bien un peu
le besoin et le désir des sorties,

j'étais décidée à me faire malade,
si mes cousins venaient me chercher munis d'une permission. Cette
fois ma grand'mère m'approuva, et,
au lieu de me faire des reproches,
elle donna à mon sentiment des
éloges que je trouvai même un
peu exagérés. Je n'avais fait que
mon devoir.

Si bien que je passai deux fois
l'année entière derrière les grilles.
Nous avions la messe dans notre
chapelle, nous recevions les visites
au parloir, nous y prenions nos
leçons particulières, le professeur
d'un côté des barreaux, nous de
l'autre. Toutes les croisées du couvent qui donnaient sur la rue

17.

étaient non-seulement grillées, mais
garnies de châssis de toile. C'était
bien réellement la prison, mais la
prison avec un grand jardin et
une nombreuse société. J'avoue que
je ne m'aperçus pas un instant des
rigueurs de la captivité, et que les
précautions minutieuses qu'on prenait pour nous tenir sous clef et
nous empêcher d'avoir seulement la
vue du dehors me faisaient beaucoup rire. Ces précautions étaient
le seul stimulant au désir de la liberté, car la rue des Fossés-Saint-
Victor et la rue Clopin n'étaient
tentantes ni pour la promenade ni
même pour la vue. Il n'était pas
une de nous qui eût jamais songé
à franchir seule la porte de l'ap-

partement de sa mère : presque
toutes cependant épiaient au couvent l'entrebâillement de la porte
du cloître, ou glissaient des regards
furtifs à travers les fentes des toi-
les de croisées. Déjouer la surveillance, descendre deux ou trois degrés de la cour, apercevoir un
fiacre qui passait, c'était l'ambition
et le rêve de quarante ou cinquante filles folâtres et moqueuses,
qui, le lendemain, parcouraient
tout Paris avec leurs parents sans
y prendre le moindre plaisir, fou-
ler le pavé et regarder les pas-
sants n'étant plus le fruit défendu
hors de l'enceinte du couvent.

Durant ces trois années, mon être

moral subit des modifications que
je n'aurais jamais pu prévoir, et que
ma grand'mère vit avec beaucoup
de peine, comme si en me mettant
là elle n'eût pas dû les prévoir
elle-même. La première année, je
fus plus que jamais l'enfant terrible
que j'avais commencé d'être, parce
qu'une sorte de désespoir, ou tout
au moins de *désespérance* dans mes
affections me poussait à m'étourdir
et à m'enivrer de ma propre espiè-
glerie. La seconde année, je passai
presque subitement à une dévotion
ardente et agitée. La troisième année, je me maintins dans un état
de dévotion calme, ferme et en-
jouée. La première année, ma grand'-
mère me gronda beaucoup dans ses

lettres. La seconde, elle s'effraya de
ma dévotion plus qu'elle n'avait fait
de ma mutinerie. La troisième, elle
parut à demi satisfaite et me té-
moigna un contentement qui n'était
pas sans mélange d'inquiétude.

Ceci est le résumé de ma vie de
couvent, mais les détails offrent quelques particularités auxquelles plus
d'une personne de mon sexe reconnaîtra les effets tantôt bons, tantôt mauvais de l'éducation religieuse.
Je les rapporterai sans la moindre
prévention et, j'espère, avec une par-
faite sincérité d'esprit et de cœur.

CHAPITRE ONZIÈME.

Description du couvent. — La petite classe. — Malheur
et tristesse des enfants. — Mademoiselle D***, maîtresse de classe. — Mary Eyre.

Avant de raconter ma vie au couvent, ne dois-je pas décrire un peu
le couvent? Les lieux qu'on habite
ont une si grande influence sur les
pensées, qu'il est difficile d'en séparer les réminiscences.

C'était un assemblage de constructions, de cours et de jardins qui en
faisait une sorte de village, plutôt
qu'une maison particulière. Il n'y
avait rien de monumental, rien d'intéressant pour l'antiquaire. Depuis sa
construction, qui ne remontait pas à
plus de deux cents ans, il y avait
eu tant de changements, d'ajoutances
ou de distributions successives, qu'on
ne retrouvait l'ancien caractère que
dans très-peu de parties. Mais cet
ensemble hétérogène avait son caractère à lui, quelque chose de mystérieux et d'embarrassant comme un
labyrinthe, un certain charme de
poésie, comme les recluses savent en
mettre dans les choses les plus vul-
gaires. Je fus bien un mois avant

de savoir m'y retrouver seule, et
encore, après mille explorations fur-
tives, n'en ai-je jamais connu tous
les détours et les recoins.

La façade, située en contre-bas
sur la rue, n'annonce rien du tout.
C'est une grande bâtisse laide et
nue, avec une petite porte cintrée
qui ouvre sur un escalier de pierres large, droit et roide. Au haut
de dix-sept degrés (si j'ai bonne
mémoire), on se trouve dans une
petite cour pavée en dalles et en-
tourée de constructions basses et
non percées. C'est, d'un côté, le
grand mur de l'église, de l'autre,
les bâtiments du cloître.

Un portier qui demeure dans cette

cour, et dont la loge touche la porte
du cloître, ouvre aux personnes du
dehors un couloir par lequel on
communique avec celles de l'intérieur au moyen d'un tour où l'on
dépose les paquets, et de quatre
parloirs grillés pour les visites. Le
premier est plus spécialement affecté aux visites que reçoivent les
religieuses; le second est destiné
aux leçons particulières; le troisième, qui est le plus grand, est
celui où les pensionnaires voient
leurs parents; le quatrième est celui
où la supérieure reçoit les personnes
du monde, ce qui ne l'empêche pas
d'avoir un salon dans un autre
corps de logis, et un grand parloir
grillé où elle s'entretient avec les

ecclésiastiques ou les personnes de
sa famille, lorsqu'elle a à traiter
d'affaires importantes ou secrètes.

Voilà tout ce que les hommes
et même les femmes qui n'ont pas
une permission particulière pour
entrer voient du couvent. Péné-
trons dans cet intérieur si bien
gardé.

La porte de la cour est armée
d'un guichet et s'ouvre à grand
bruit sur le cloître sonore. Ce cloître est une galerie quadrangulaire,
pavée de pierres sépulcrales avec
force têtes de mort, ossements en
croix et *requiescant in pace.* Les
cloîtres sont voûtés, éclairés par

de larges fenêtres à plein cintre
ouvrant sur le préau, qui a son
puits traditionnel et son parterre
de fleurs. Une des extrémités du
cloître ouvre sur l'église et sur le
jardin, une autre sur le bâtiment
neuf, où se trouvent au rez-de-
chaussée la grande classe, à l'en-
tresol l'ouvroir des religieuses, au
premier et au second les cellules,
au troisième le dortoir des pensionnaires de la petite classe.

Le troisième angle du cloître
conduit aux cuisines, aux caves,
puis au bâtiment de la petite classe,
qui se relie à plusieurs autres très-
vieux qui n'existent peut-être plus,
car, de mon temps, ils menaçaient

ruine. C'était un dédale de couloirs
obscurs, d'escaliers tortueux, de petits logements détachés et reliés les
uns aux autres par des paliers iné-
gaux ou par des passages en plan-
ches déjetées. C'était là probablement ce qui restait des constructions
primitives, et les efforts qu'on avait
faits pour rattacher ces constructions avec les nouvelles attestaient ou
une grande misère dans les temps
de révolution, ou une grande maladresse de la part des architectes.
Il y avait des galeries qui ne con-
duisaient à rien, des ouvertures par
où l'on avait peine à passer, comme
on en voit dans ces rêves où l'on
parcourt des édifices bizarres qui
vont se refermant sur vous et vous

étouffant dans leurs angles subitement resserrés. Cette partie du
couvent échappe à toute description. J'en donnerai une meilleure
idée quand je raconterai quelles
folles explorations nos folles imagi-
nations de pensionnaires nous y
firent entreprendre. Il me suffira,
quant à présent, de dire que l'u-
sage de ces constructions était aussi
peu en harmonie que leur assemblage. Ici c'était l'appartement d'une
locataire; à côté, celui d'une élève;
plus loin, une chambre où l'on
étudiait le piano; ailleurs, une lin-
gerie, et puis des appartements
vacants ou passagèrement occupés
par des amies d'outre-mer; et puis,
de ces recoins sans nom où les

vieilles filles, et les nonnes surtout,
entassent mystérieusement une foule
d'objets fort étonnés de se trouver
ensemble, des débris d'ornements
d'église avec des oignons, des chaises
brisées avec des bouteilles vides,
des cloches fêlées avec des gue-
nilles, etc., etc.

Le jardin était vaste et planté
de marronniers superbes. D'un côté
il était contigu à celui du collége
des Écossais, dont il était séparé
par un mur très-élevé; de l'autre il était bordé de petites maisons toutes louées à des dames
pieuses retirées du monde. Outre
ce jardin, il y avait encore, devant
le bâtiment neuf, une double cour

18.

plantée en potager et bordée d'autres maisons également louées à de
vieilles matrones ou à des pensionnaires en chambre. Cette partie
du couvent se terminait par une
buanderie et par une porte qui
donnait sur la rue des Boulangers.
Cette porte ne s'ouvrait que pour les
locataires, qui avaient, de ce côté-
là, un parloir pour leurs visites.
Après le grand jardin dont j'ai
parlé, il y en avait un autre encore plus grand où nous n'entrions
jamais et qui servait à la consom-
mation du couvent. C'était un im-
mense potager qui s'en allait toucher à celui des dames de la Miséricorde et qui était rempli de
fleurs, de légumes et de fruits ma-

gnifiques. Nous apercevions à travers
une vaste grille les raisins dorés,
les melons majestueux et les beaux
œillets panachés; mais la grille était
presque infranchissable et on ris-
quait ses os pour l'escalader, ce
qui n'empêcha pas quelques-unes
d'entre nous d'y pénétrer par surprise deux ou trois fois.

Je n'ai pas parlé de l'église et
du cimetière, les seuls endroits
vraiment remarquables du couvent;
j'en parlerai en temps et lieu; je
trouve que ma description générale
est déjà beaucoup trop longue.

Pour la résumer, je dirai que,
tant religieuses que sœurs conver-

ses, pensionnaires, locataires, maîtresses séculières et servantes, nous
étions environ cent vingt ou cent
trente personnes, logées de la manière la plus bizarre et la plus in-
commode, les unes trop accumu-
lées sur certains points, les autres
trop disséminées sur un espace où
dix familles eussent vécu fort à
l'aise, en cultivant même un peu
de terre pour leur agrément. Tout
était si éparpillé, qu'on perdait un
quart de la journée à aller et venir.
Je n'ai pas parlé non plus d'un vaste
laboratoire où l'on distillait de l'eau
de menthe ; de la *chambre des cloîtres*, où l'on prenait certaines leçons
et qui avait servi de prison à ma
mère et à ma tante ; de la cour

aux poules, qui infectait la petite
classe; de l'arrière-classe, où l'on
déjeunait; des caves et souterrains,
dont j'aurai beaucoup à raconter;
enfin de l'avant-classe, du réfectoire
et du chapitre, car je n'aurais jamais fini de faire comprendre, par
toutes ces distributions, combien
peu les religieuses entendent l'or-
donnance logique et les véritables
aises de l'habitation.

Mais, en revanche, les cellules des
nonnes étaient d'une propreté charmante et remplies de tous ces
brimborions qu'une dévotion mi-
gnarde découpe, encadre, enlumine
et enrubane patiemment. Dans

tous les coins, la vigne et le jas-
min cachaient la vétusté des murailles. Les coqs chantaient à minuit
comme en pleine campagne, la
cloche avait un joli son argentin
comme une voix féminine; dans
tous les passages, une niche gra-
cieusement découpée dans la muraille s'ouvrait pour vous montrer
une madone grassette et maniérée
du dix-septième siècle; dans l'ouvroir, de belles gravures anglaises
vous présentaient la chevaleresque
figure de Charles Ier à tous les âges
de sa vie, et tous les membres de
la royale famille papiste. Enfin,
jusqu'à la petite lampe qui trem-
blotait, la nuit, dans le cloître, et
aux lourdes portes qui, chaque soir,

se fermaient à l'entrée des corri-
dors avec un bruit solennel et un
grincement de verrous lugubre,
tout avait un certain charme de
poésie mystique auquel tôt ou tard
je devais être fort sensible.

Maintenant je raconte. Mon premier mouvement en entrant dans la
petite classe fut pénible. Nous y
étions entassées une trentaine dans
une salle sans étendue et sans élévation suffisantes. Les murs revêtus
d'un vilain papier jaune d'œuf, le
plafond sale et dégradé, des bancs,
des tables et des tabourets malpro-
pres, un vilain poêle qui fumait,
une odeur de poulailler mêlée à

celle du charbon, un vilain crucifix
de plâtre, un plancher tout brisé,
c'était là que nous devions passer
les deux grands tiers de la journée,
les trois quarts en hiver, et nous
étions en hiver précisément.

Je ne trouve rien de plus maussade que cette coutume des maisons d'éducation de faire de la
salle des études l'endroit le plus
triste et le plus navrant; sous pré-
texte que les enfants gâteraient les
meubles et dégraderaient les ornements, on ôte de leur vue tout ce
qui serait un stimulant à la pensée
ou un charme pour l'imagination.
On prétend que les gravures et les

enjolivements, même les dessins
d'un papier sur la muraille, leur
donneraient des distractions. Pourquoi orne-t-on de tableaux et de
statues les églises et les oratoires,
si ce n'est pour élever l'âme, et la
ranimer dans ses langueurs par le
spectacle d'objets vénérés? Les enfants, dit-on, ont des habitudes de
malpropreté ou de maladresse. Ils
jettent l'encre partout, ils aiment à
détruire. Ces goûts et ces habitudes
ne leur viennent pourtant pas de la
maison paternelle, où on leur ap-
prend à respecter ce qui est beau ou
utile, et où, dès qu'ils ont l'âge de
raison, ils ne pensent point à commettre tous ces dégâts, qui n'ont
tant d'attraits pour eux, dans les

pensions et dans les colléges, que
parce que c'est une sorte de vengeance contre la négligence ou la
parcimonie dont ils sont l'objet.
Mieux vous les logeriez, plus ils
seraient soigneux. Ils regarderaient
à deux fois avant de salir un tapis
ou de briser un cadre. Ces vilaines
murailles nues où vous les enfermez
leur deviennent bientôt un objet
d'horreur, et ils les renverseraient
s'ils le pouvaient. Vous voulez qu'ils
travaillent comme des machines,
que leur esprit, détaché de toute
préoccupation, fonctionne à l'heure,
et soit inaccessible à tout ce qui fait
la vie et le renouvellement de la
vie intellectuelle. C'est faux et impossible. L'enfant qui étudie a déjà

tous les besoins de l'artiste qui crée.
Il faut qu'il respire un air pur, qu'il
ait un peu les aises de son corps,
qu'il soit frappé par les images ex-
térieures, et qu'il renouvelle, à son
gré, la nature de ses pensées par
l'appréciation de la couleur et de la
forme. La nature lui est un spectacle
continuel. En l'enfermant dans une
chambre nue, malsaine et triste,
vous étouffez son cœur et son esprit aussi bien que son corps. Je
voudrais que tout fût riant dès le
berceau autour de l'enfant des villes.
Celui des campagnes a le ciel et
les arbres, les plantes et le soleil.
L'autre s'étiole trop souvent, au moral et au physique, dans la saleté
chez le pauvre, dans le mauvais

goût chez le riche, dans l'absence
de goût chez la classe moyenne.

Pourquoi les Italiens naissent-ils
en quelque sorte avec le sentiment
du beau? Pourquoi un maçon de
Vérone, un petit marchand de Ve-
nise, un paysan de la campagne de
Rome aiment-ils à contempler les
beaux monuments? Pourquoi com-
prennent-ils les beaux tableaux, la
bonne musique, tandis que nos prolétaires, plus intelligents sous d'autres
rapports, et nos bourgeois élevés
avec plus de soin, aiment le faux,
le vulgaire, le laid même dans les
arts, si une éducation spéciale ne
vient redresser leur instinct? C'est
que nous vivons dans le laid et

dans le vulgaire; c'est que nos parents n'ont pas de goût, et que
nous passons le mauvais goût traditionnel à nos enfants.

Entourer l'enfance d'objets agréables et nobles en même temps
qu'instructifs ne serait qu'un détail.
Il faudrait, avant tout, ne la con-
fier qu'à des êtres distingués soit
par le cœur, soit par l'esprit. Je ne
conçois donc pas que nos religieuses
si belles, si bonnes, et douées de si
nobles ou si suaves manières, eussent
mis à la tête de la petite classe une
personne d'une tournure, d'une figure et d'une tenue repoussantes,
avec un langage et un caractère à
l'avenant. Grasse, sale, voûtée, bi-

gote, bornée, irascible, dure jusqu'à
la cruauté, sournoise, vindicative,
elle fut, dès la première vue, un
objet de dégoût moral et physique
pour moi, comme elle l'était déjà
pour toutes mes compagnes.

Il est des natures antipathiques
qui ressentent l'aversion qu'elles
inspirent et qui ne peuvent jamais
faire le bien, en eussent-elles envie,
parce qu'elles éloignent les autres
de la bonne voie, rien qu'en les
prêchant, et qu'elles sont réduites
à *faire leur propre salut* isolément,
ce qui est la chose la plus stérile
et la moins pieuse du monde. Mademoiselle D. était de ces natures-
là. Je serais injuste envers elle si

je ne disais pas le pour et le
contre. Elle était sincère dans sa
dévotion et rigide pour elle-même;
elle y portait une exaltation farouche qui la rendait intolérante
et détestable, mais qui eût été une
sorte de grandeur, si elle eût vécu
au désert comme les anachorètes
dont elle avait la foi. Dans ses rapports avec nous, son austérité devenait féroce, elle avait de la joie à
punir, de la volupté à gronder, et,
dans sa bouche, gronder c'était in-
sulter et outrager. Elle mettait de
la perfidie dans ses rigueurs, et
feignait de sortir (ce qu'elle n'eût
jamais dû faire tant qu'elle tenait
la classe) pour écouter aux portes
le mal que nous disions d'elle et

nous surprendre avec délices en
flagrant délit de sincérité. Puis
elle nous punissait de la manière
la plus bête et la plus humiliante.
Elle nous faisait, entre autres plati-
tudes, baiser la terre pour ce
qu'elle appelait nos mauvaises paroles. Cela faisait partie de la discipline du couvent; mais les religieuses se contentaient du simulacre,
et feignaient de ne pas voir que
nous baisions notre main en nous
baissant vers le carreau, tandis que
mademoiselle D*** nous poussait la
figure dans la poussière et nous
l'eût brisée si nous eussions résisté.

Il était facile de voir que sa
personnalité dominait sa rigidité et

qu'elle ressentait une sorte de rage
d'être haïe. Il y avait dans la
classe une pauvre petite Anglaise de
cinq à six ans, pâle, délicate, ma-
ladive, un véritable *chacrot*, comme
nous disons en Berry pour dési-
gner le plus maigre et le plus
fragile oisillon de la couvée. Elle
s'appelait Mary Eyre, et mademoiselle
D*** faisait son possible pour s'intéresser à elle et peut-être même pour
l'aimer maternellement. Mais cela
était si peu dans sa nature hommasse
et brutale qu'elle n'en pouvait venir à bout. Si elle la réprimandait,
elle la frappait de terreur ou l'ir-
ritait au point qu'elle était forcée
ensuite, pour ne pas céder, de
l'enfermer ou de la battre. Si elle

s'humanisait jusqu'à plaisanter et
vouloir jouer avec elle, c'était
comme un ours ferait avec une
sauterelle. La petite enrageait et
criait toujours, soit par espiègle-
rie mutine, soit par colère et
désespoir. Du matin au soir c'était
une lutte agaçante, insupportable à
voir et à entendre, entre cette vi-
laine grosse femme et ce maussade
et malheureux petit enfant, et tout
cela sans préjudice des emporte-
ments et des rigueurs dont nous
étions toutes l'objet tour à tour.

J'avais désiré entrer à la petite classe, par un sentiment de
modestie assez ordinaire chez les
enfants dont les parents sont trop

vains; mais je me sentis bientôt
humiliée et navrée d'être sous la fé-
rule de ce vieux père fouetteur en
cotillons sales. Elle se levait de
mauvaise humeur, elle se couchait
de même. Je ne fus pas trois jours
sous ses yeux sans qu'elle me prît
en grippe et sans qu'elle me fît
comprendre que j'allais avoir affaire
à une nature aussi violente que
celle de Rose, moins la franchise,
l'affection et la bonté du cœur. Au
premier regard attentif dont elle
m'honora : « *Vous me paraissez une
personne fort dissipée,* » me dit-elle,
et, dès ce moment, je fus classée
parmi ses pires antipathies, car la
gaieté lui faisait mal, le rire de
l'enfance lui faisait grincer les dents,

la santé, la bonne humeur, la
jeunesse, en un mot, étaient des
crimes à ses yeux.

Nos heures de soulagement et
d'expansion étaient celles où une
religieuse tenait la classe à sa
place, mais cela durait une heure
ou deux au plus dans la journée.

C'était un tort de la part de
nos religieuses, de s'occuper si peu
de nous directement. Nous les ai-
mions; elles avaient toutes de la
distinction, du charme ou de la
solennité, quelque chose de doux
ou de grave, ne fût-ce que l'exté-
rieur et le costume, qui nous cal-
mait comme par enchantement.

Leur claustration, leur renoncement
au monde et à la famille avaient
ce seul côté utile à la société
qu'elles pouvaient se consacrer à
former nos cœurs et nos esprits,
et cette tâche leur eût été facile,
si elles s'en fussent occupées exclusivement; mais elles prétendaient
n'en avoir pas le temps, et elles
ne l'avaient pas, en effet, à cause
des longues heures qu'elles donnaient aux offices et aux prières.
Voilà le mauvais côté des cou-
vents de filles. On y emploie ce
qu'on appelle des *maîtresses sécu-*
lières, sorte de *pions* femelles qui
font les bons apôtres devant les
religieuses, et qui abrutissent ou
exaspèrent les enfants. Nos reli-

gieuses eussent mieux mérité de
Dieu, de nos parents et de nous,
si elles eussent sacrifié à notre
bonheur, et, pour parler leur style,
à notre salut, une partie du temps
qu'elles consacraient avec égoïsme
à travailler au leur.

FIN DU TOME ONZIÈME.

TABLE

DU TOME ONZIÈME.

TROISIÈME PARTIE.
(*SUITE.*)

CHAPITRE HUITIÈME.

CHAPITRE NEUVIÉME.

CHAPITRE DIXIÉME.

CHAPITRE ONZIÈME.

www.ingramcontent.com/pod-product-compliance
Lightning Source LLC
Chambersburg PA
CBHW052002020726
47501CB00004B/969